E L　C A N T A R E

エル・カンターレ
人生の疑問・悩みに答える
人間力を高める心の磨き方

RYUHO OKAWA
大川隆法

まえがき

若き日の質疑応答集である。大講演会で一時間ほど講演したあと、見知らぬ人たちの質問に答えたものがほとんどである。

即答しているので、ほぼインスピレーション（霊界より）によるものである。

時代背景が変わっているが、今でも十分に通用する内容が多かろう。

特に本書では、智慧《ちえ》や心、反省についての言及が多いので、宗教に関心のある者にとっては、まさにちょうどよい入門書にもなっている。

折に触れて自分に関係のある箇所《かしょ》を精読されると、学習の推進力にもなるだろう。

二〇二一年　五月八日

幸福《こうふく》の科学《かがく》グループ創始者兼総裁《そうししゃけんそうさい》　大川隆法《おおかわりゅうほう》

エル・カンターレ 人生の疑問・悩みに答える　人間力を高める心の磨き方　目次

まえがき　1

第1章　人生で心を磨《みが》く意味とは

1　偉人《いじん》とは、どのような環境《かんきょう》下でも心を磨き続けた人　10
2　青年期の基礎《きそ》づくりについて　15
3　真理を学ぶときの読書法について　20
4　透明《とうめい》感のある人とはどういう人か　28
5　人は魂修行《たましいしゅぎょう》のためにこの世に生まれてくる　34
6　なぜ善悪があり、天国・地獄《じごく》があるのか　39

第2章　霊的《れいてき》な自分に目覚めるヒント

1　過去世《かこぜ》の経験が今世《こんぜ》の人生に与《あた》える影響《えいきょう》とは　62
2　眠《ねむ》っている潜在《せんざい》意識を目覚めさせるには　69
3　守護霊《しゅごれい》の存在と生まれ変わりの真相　75
4　魂修行における男女の違《ちが》いについて　80
5　「悟性《ごせい》」とはどのようなものか　88
6　「諸行無常《しょぎょうむじょう》」「諸法無我《しょほうむが》」が示す霊界《れいかい》とこの世の関係　94

第3章　心を磨く反省のポイント

1　反省の基本的な方法について　104
2　反省ができたかどうかの確認方法　115
3　「光明思想《こうみょう》」「常勝思考《じょうしょう》」と反省の関係について　128
4　他人《ひと》の気持ちが分からない人へのアドバイス　134
5　感謝が大きくなり、反省が深まらない人へのアドバイス　142
6　反省時の、表面意識と潜在意識の関係について　146
7　「知らずに犯《おか》した罪」はどう反省したらよいか　151
8　「知の門」と「反省の門」の違いについて　160
9　反省を通して信仰《しんこう》が深まっていく　173

第4章 穏《おだ》やかな心をつくる瞑想《めいそう》のコツ

1 「瞑想中の呼吸」と「天上界《てんじょうかい》にいる人の瞑想」について 180
2 「満月瞑想」について 185
3 アルファ波の状態を保つには 189
4 アルファ波と「音楽・運動」の関係 195
5 「内在する自然の思いに忠実に生きる」とは 203

第5章　徳あるリーダーを目指して

1　愛と正義の関係について　208
2　女性が「義《ぎ》」の徳目を身につけるには　212
3　信仰の世界に生きるリーダーが持つべき「義」とは　217
4　「許すこと」と「悪と戦うこと」をどう考えるか　226
5　阿羅漢《あらかん》の境地に至った証明とは　234
6　阿羅漢から菩薩《ぼさつ》へ、修行の指針　246

あとがき　264

第1章

人生で心を磨《みが》く意味とは

1　偉人《いじん》とは、どのような環境《かんきょう》下でも心を磨《みが》き続けた人

Q1

近ごろ、偉人《いじん》の書をよく見ます。彼ら「偉人」といわれる人たちに共通する精神構造についてお教えいただければと思います。

また、私は、「まるで貝が閉《と》じているようだ」とよく人に言われるのですが、それへの対処の仕方と、自分自身に対する「許し」についてもお伺《うかが》いしたいと思います。

中部特別セミナー「平静心」

一九八九年十一月二十五日　愛知県・一宮《いちのみや》市民会館にて

あなたにも偉人になる条件はある

偉人の条件は、もちろんいろいろありますし、それを挙げることもできますが、一点に絞《しぼ》れば、「自分の心を磨《みが》き上げることに成功した人だ」というふうに言っていいでしょう。

「心」というものは万人《ばんにん》が共通に持っているものですが、「いろいろな環境《かんきょう》下にあって、めげず、挫《くじ》けず、心を磨き続けた人」が、やはり偉人になったのだと思います。そういう魂《たましい》は「偉大な魂」として、その後も活躍《かつやく》されていると私は信じています。これが偉人の条件です。

「磨き方しだいだ」というふうに思っていますし、あなたにだって偉人になる条件は十分にあると思います。「今までどう生きてきたか。これからどう生きるか」、これにすべてがかかっているわけで、「その人生をどう生き切るか。その心の状態はいかばかりか」ということが、結局、偉人の条件になるわけです。

そして、その心の状態が偉人としての素晴《すば》らしいものになってきたら、それは、「なか」だけのものでは決して止まらないのです。それは、必ずや「外」に表れてくることになります。

溢《あふ》れ出てくる泉は、必ず人の喉《のど》を潤《うるお》すようになってくるんですね。水が出なければ人は飲めませんが、泉が溢れてくれば、必ず、その清水《しみず》を飲む人が出てくるのです。それは、信じなくとも、必ずそのようになってくるでしょう。

「雌伏《しふく》」の時についての考え方

また、「自分自身が、貝のように閉じているように見える」とおっしゃいましたが、人にはいろいろな時期があると思います。私自身にも、そういう時期はございました。貝のごとく閉じていた時期はあります。

これが、ただ死んだ貝ではないことを、やはり私は祈《いの》りたいのです。「貝として閉じていることもあるだろうが、このなかで、素晴らしいものが必ずや育《はぐく》まれている」と私は信じたいと思うのです。

人が伸《の》びていく瞬間《しゅんかん》というのは、その前に必ず、そういう、貝のごとくじっとしている時があるのです。それを「雌伏《しふく》の時」といいます。雌伏の時があればこそ、「雄飛《ゆうひ》の時」、高く飛ぶ時があるのです。

その雌伏の時に、貝のごとく閉じている時に、決してその孤独《こどく》に負けてはならないと思います。そのなかで、大きな高い理想を持って、時が来ることを待つことです。

現在のあなたが貝のように閉じこもっていること自体は、悪ではありません。必ずそういう雄飛の時期が来ると、私は信じます。あなたもそう信じてください。

その時期が必ず来る。来たら、自分がそれまで蓄《たくわ》えていたものを、自分だけのものとすることなく、他の人のために生きることです。それが、貝のごとく生きることが許されるための前提であると、そういうふうに感じる次第《しだい》です。

私はこの名古屋《なごや》の地に、今から三年前までいました（説法《せっぽう》時点）。二年ちょっと名古屋にいたことはあります。そのときが、私のいちばん苦しい時期でありました。世に立つ前の二年余りがいちばん苦しい時で、それはまさしく、あなたの言われた、貝のような時期であったのです。この貝は死んだ貝でなかったから、やがて口を開きました。

同じように、その貝のごとき時間のなかで、素晴らしいものを自分のなかで育んでください。

必ずや真珠《しんじゅ》が輝《かがや》き出す時があります。それが人の手に渡《わた》ることがあります。他の人にその真珠の虹色《にじいろ》が伝わっていく時が、必ず来ると信じます。

2　青年期の基礎《きそ》づくりについて

Q2

僕《ぼく》は今、十六歳《さい》で、仏法真理《ぶっぽうしんり》を学ばせていただいています。僕の夢は、一日でも早く大川隆法先生に近づけるように、仏法真理を学び、幸福の科学の講師になることです。

大川先生は、若者に対して「大きな希望を持て」と言われていましたが、これからの「ユートピア建設」と「仏法真理伝道」における若者の使命について、アドバイスをお願いいたします。

一九九〇年 第一回大講演会「信仰《しんこう》と愛」
一九九〇年三月十一日　千葉県・幕張《まくはり》メッセにて

三十歳《さい》までに全力を尽《つ》くすべきこととは

はい、分かりました。

人生には幾《いく》つかの段階がございます。いい仕事をしようとしますと、あなたの年代では、「基礎《きそ》づくり」がどうしても大事なんですね。そこでしっかりした基礎づくりをしておかないと、家で言えば、あとで屋根を葺《ふ》いたり壁《かべ》を塗《ぬ》ったりするときに崩《くず》れてくることがあります。今はとにかく、しっかりと中身を詰《つ》めることに全力を尽《つ》くしていただきたいと思います。

「第一段階の自分」といいますか、それが終わるのはだいたい二十歳《はたち》です。二十歳までで、だいたい能力的な素地の部分ができてきます。それから、二十歳から三十歳《さい》までの間に、あなたの〝人間としての基礎工事〟がだいたい終わります。

二十歳までは、だいたい、みなさん目標があって、ある程度やれるのですけれども、二十歳から三十歳までの、この十年間の過ごし方が非常に大きなウエイトを占《し》めています。「この間《かん》に、どれだけ自分づくりができるか」ということが、その後の活躍舞台《かつやくぶたい》を決めるようになってきます。

そこで考えてほしいことは、次のようなことです。

まず、二十歳までは、当面、自分に与《あた》えられたものがあるでしょうから、それを一生懸命《いっしょうけんめい》やってください。そして、二十歳から三十歳までの間に、自分の人生の先を見通して、基礎となるべきものを徹底《てってい》的に学んでおくことです。

この間、もちろん、学びのなかには、いろいろな人との対話もございますし、いろいろな経験もあることは事実でありますけれども、三十歳までに自分の器《うつわ》を広げられるだけ広げておくことです。この間になじんでいないことは、その後、花開くことが非常に難しくなることがあります。

ですから、三十歳までは、「器を広げること」に全力を尽くすことです。「器を広げて基礎をしっかりとする」ということに全力を尽くすのです。

基礎力のない人と、十分な基礎力を持っている人の違《ちが》いとは

当会の講師になる場合でも、それはものすごく大きくものを言うのです。基礎のない人というのは、どうしても背伸《せの》びをしますし、背伸びをすると無理が出てきます。無理が出るとどうなるかというと、やはり「見栄《みえ》」が出てきます。見栄が出ると、そのあと待っているのが「転落」なのです。

十分な基礎力を持っている人であると、そう簡単に転落したりしないのですが、〝いっぱい、いっぱい〟でやっていますと、簡単に無理をして、そして、どこかでおかしくなることがあります。

そうならないためのためを、しっかりつくっておくことです。

私もそういうふうにやってまいりました。

この間、ためをつくるためにやっていることは、ブレーキのように感じるかもしれないのだけれども、ここをつくっておかないと、あとの発展速度がまったく違《ちが》ってきます。「三十歳までにためができている人」と「できていない人」では、その後、全然違ってきますから、ここで勇気を奮い起こして、しっかりした基礎をつくっておくことです。それを申し上げておきます。

三十歳というのが「霊的《れいてき》にも一つの節目《ふしめ》」でして、「人間の霊体《れいたい》が大人になる年」であるのです。ですから、そこで脱皮《だっぴ》することを目標にして基礎づくりをすることです。時間は長いようであって、そんなにありません。非常に短いですから、一生懸命、生きることです。

それだけをアドバイスしておきます。

3　真理を学ぶときの読書法について

Q3

『黄金の法』（幸福の科学出版刊）には、弘法大師《こうぼうだいし》が若いころに「求聞持法《ぐもんじほう》」というものを体得しようとして修行《しゅぎょう》していたことが書かれています。これは能力開発の方法ではないかと思われるのですが、これがどういうものであって、現代にも応用できるのかどうかをお伺《うかが》いします。

また、それと関連するのですが、大川隆法先生の本がどんどん出版されているため、「いかに本を速く読むか」ということに非常に苦労をしていまして、速読法に興味を持っています。こうしたものは実際に可能なのかどうかもお伺いできればと思います。

一九八九年 第七回講演会「八正道《はっしょうどう》の再発見」
一九八九年十月八日　香川《かがわ》県・丸亀《まるがめ》市民会館にて

真理の言葉を速読できない理由

はい、分かりました。

「求聞持法」そのものについて説明するとするならば、「集中力を鍛《きた》える」という意味の修行だと思います。今、あの経文《きょうもん》そのものを読んで私たちの頭がそうよくなるとはとても思えないのですが、集中力を鍛える訓練としてあったのだと思います。

その意味では、「求聞持法」を持ってこなくても、当会の会員として勉強していますと、集中力は高まらざるをえないのです。

当会では、八十三書の本が出ています（説法《せっぽう》時点。二〇二二年九月現在、三千五十書以上が発刊されている）。これで「多い、多い」と言いますが、仏典《ぶってん》というのはもっとありますから、これどころではありません。何百年も前でもやはりそうであって、日蓮《にちれん》などの僧侶《そうりょ》たちも、仏典の山のなかにうずもれながら、もう血を吐《は》く思いで読んでいたんですね。それくらいの分量がございます。そういうときに、「いかに集中力を高め、そして読書能力を上げるか」ということに彼らが力を注いだのも、やむをえないと思います。

ところが、つらいことに、経文というのは飛ばし読みができないのです。これがいちばんつらいところなのです。

世の普通《ふつう》の本には、速読法で飛ばし読みをしようと思えば、できる本がいくらでもあります。速く読もうと思えば、十五分もあれば十分《じゅうぶん》に読める本はいくらでもあります。あるいは、「目次だけを見たら終わり」という本だってありますし、「カバーの題名だけを見れば終わり」という本だって、ないとは言えないのです。

それだけ本は氾濫《はんらん》していますが、「経文あるいは真理の言葉になると、そう簡単に速読できない」というのは厳然たる事実です。

なぜそうであるかというと、それぞれの言葉が、やはり「光の言魂《ことだま》」で書かれているからです。「光の言魂」は、魂《たましい》のなかに刻まないと力にならないのです。目に映っただけでは力にならない。それゆえに、必ずしも速読ができるとは、私は思いません。

ただ、そうした人のことを考えて、「できるだけ分かりやすい本にしよう」と、いつも努力しています。難しい表現にならないように、できるだけ、読んですぐ頭に入るようにしていますし、また、書き方も、順番を整理して、いつもなるべく三つぐらいに絞《しぼ》って述べています。

そういう努力はしているつもりですが、読み手のほうでも、ある程度、努力は要《い》ると思います。

私は速読法等を特にやったことはありませんが、「読んだ本の冊数に合わせて、読む速度は速くなる」と、やはり思います。多く読んだ人は読むのが速くなります。それは、文の流れをつかむのが速くなるからです。いっぺんにパッと見て分かる範囲《はんい》が、確かに広がってきます。日本語は特に漢字が多いですから、「視覚的に見て分かる範囲」というのはそうとうあります。

特に速読をしようと心掛《こころが》けなくても、読みたい本がたくさんあれば速くならざるをえなくなってきて、それが一定の速度にやがてなってくると思います。

私は、本によって速さは違《ちが》いますけれども、新書ものだったら、だいたい一時間ぐらいで読みますし、もっと軽い感じの本だったら、三十分ぐらいで読める本はずいぶんあります。普通は二時間ぐらいで一冊を読みます（説法当時。現在はこの数倍の速度で読んでいる）。

けれども、自分の本はその速度では読めないのです。けっこう内容としては重いのです。簡単な言葉で書いてあるけれども重いのです。

ですから、どうか、「そういう、性質の違った本だ」と、ある程度思って、「いかに速く読むか」よりも、「どれだけ心のなかに糧《かて》を汲《く》み取っていくか」という方向で読んでいただきたいのです。「どれだけのものをピックアップしたか。拾い取ったか」という方法でやっていただいていいと思います。

多くの本を読むための読み方とは

もう一つのやり方は、当会はセミナーや試験を用意していますので、それに参加することです。それは、「なるべく、みなさんのペースメーカーになったらいい」と思っているからです。

研修会などもそうですが、毎回、二、三冊ぐらいの本がテーマになっています。「その機会に、できたらそれを読みこなしてほしい。一つの試験や行事でそれを乗り越《こ》えたら、『自分のものになった』という考えで、消し込《こ》んでいってほしい」というふうに思います。

ですから、これから冊数が増えたら、なるべく、そうした行事やセミナー等に合わせてやっていかれるのがいちばんいいと思います。

あと、読み方としては、「中心を据《す》えてから枝を出していく」というやり方があります。「自分にとっていちばん関心のある領域、いちばん大事なものは何かを決めて、それについては深く勉強し、それ以外のものは参考書として読んでいく」という考え方があります。

これだと、そうとう気は楽になってきます。「これだけはマスターするけれども、それ以外は参考書として読んでいこう」という考えです。

テクニックはいろいろあるでしょうが、いずれにしても、基本的には、「本を読みたい」という関心が強ければ強いほど、読む速度は速くなっていくでしょう。

そして、ある程度、速読ができるようになれば、精読をしても一定の時間内に読み取れる内容は、おそらく深くなっていくでしょう。読書速度があればあるほど、逆に深く読めるようになっていくでしょう。

「それには、絶えざる訓練以外に手がない」というふうに思います。

平凡《へいぼん》ですが、以上です。

4　透明感《とうめい》のある人とはどういう人か

Q4　『ユートピア価値革命』（宗教法人幸福の科学刊）という本では、「未来型人間」ということで、「透明感《とうめい》のある人間であり、それでいて色がある」ということを、エーゲの海をたとえにして言われていたのですけれども、それについて具体的にお教えいただければ幸いです。

一九八九年　第八回講演会「無限の愛とは何か」
一九八九年十一月十二日　千葉県・東京ベイＮＫホールにて

深いところに教養がある人の特徴《とくちょう》

はい、分かりました。

例えば、今日の講演「無限の愛とは何か」（『大川隆法　初期重要講演集　ベストセレクション②』〔幸福の科学出版刊〕所収）のなかでも少し触《ふ》れたのですが、知識を勉強した人の話をしました。「何千巻《がん》、何万巻の本を読んだ方と、心素直《すなお》に生きている人」という話をしたと思います。

「エーゲの深さをたたえながら、そして透明感がある」というのは、それだけ多くの知識を得ても、それを決してひけらかすこともなく、そうした知識の集積によって価値観をねじ曲げることもなく、得たイデオロギーなり、ものの見方なりを人に押《お》しつけるでもなく、まったくそういうものがなく、深いところに教養が落ちている人のことです。そのような人はいると思うのです。

深いところに教養があって、そして、ほかの人と接するときには、それぞれの人の立場を考えて、相手の立場を考えた「対機説法《たいきせっぽう》」はもちろん、相手の知識のレベルや経験のレベルを考えて付き合っていって、少しずつ、いろいろな人を感化していける人がいると思います。

こういうものであったら、「透明感があって、同時に、深い色合いを持っている」ということになると思うのです。

悟《さと》りを求めて修行《しゅぎょう》をするときに大事な心構え

今、知識的な経験の、教養の話をいたしましたけれども、これはそれ以外のところでもあります。悟《さと》りを求めての修行《しゅぎょう》には、いろいろな方法があるでしょう。その修行方法については、いろいろと語ってきたつもりです。

そのときに大事なことがあるのです。たとえ、自分がどれほど修行を重ねてきて、ある悟りなり、ある境地なりを得たとしても、そうした〝努力感の部分〟をあまりにも人に言ったり、押しつけたりするようなことであっては、せっかくのその修行が無駄《むだ》になっていくのです。それが無駄になっていきます。

肉体行《ぎょう》をやった人には、特にそういう傾向《けいこう》があります。「滝行《たきぎょう》をやった」とか、「山のなかを歩いた」とか、こういう方には、どうしてもその努力の量を言いたがる傾向がありますが、要は、「高い境地に達しても、その努力を感じさせないような人になっていただきたい」ということなのです。

別な言葉で言いますと、愛深い方になっても、いかにも「慈善《じぜん》事業をやっていますよ」というような、そういう慈善事業の量を競《きそ》うような人にはなってほしくないのです。

そうではなくて、現に愛の行為《こうい》はいっぱい積み重ねてきているのだけれども、それを少しも心に留《と》めていないような、そういう自分になってほしいんですね。

ごく自然で、「それは、自分は喜びだからやっている」、あるいは、「今日はしたけれども、明日《あした》になったらもうそんなことは忘れていて、明日は明日で、また人のためになることをしたいからしている」という、そういう心境があるのです。

このように、よいことをしていても、「よいことをしている」ということに自分でとらわれすぎると、それがどうしても透明感を阻害《そがい》するようになってきます。

ですから、心はあくまでも素晴らしい方向に、よい方向に向いていなければいけないけれども、その途中《とちゅう》の努力感のようなものを、ほかの人に気づかせなければいけないような、そういう自分になってはいけません。


悠々《ゆうゆう》たる自分で、ごく自然でありなさい。

深いものを持って、同時に、自然な自分でありなさい。

自然なあなたでありなさい。

いくら修行したかがすぐ分かるようなあなたにならないように、ごく自然なあなたになってください。

これが、その「エーゲブルーと透明感のたとえ」なのです。

5 人は魂修行《たましいしゅぎょう》のためにこの世に生まれてくる

Q5

『漏尽通力《ろじんつうりき》』（幸福の科学出版刊）のなかに、「『すべての人間の心、考え方が分かり切る』ということは、『その根源において、神から分かれた光をすべて知り尽《つ》くしている』ということです」という文章がありますけれども、この「光」とは、いわゆる「仏の七色光線《なないろ》」（注）というふうに解釈《かいしゃく》したらよろしいのでしょうか。そして、「その光に、個性や性質というものが、それぞれある」ということなのでしょうか。

一九八八年 九月研修「『漏尽通力』講義」

一九八八年九月二十四日 静岡県《しずおか》・リステル浜名湖《はまなこ》にて

多くの人の考え方を学ぶことの意味

「すべてを知る」というか、「光を知る」ということの意味ですが、これは「人間を知る」と言ってもいいでしょう。

「もともと神の光がいろいろなかたちで分かれてきて、個性あるものとなって魂修行《たましいしゅぎょう》をしている。それが私たちの成り立ちである」ということは習っていると思いますが、ここに一つの大きな「学習の場」が出たわけなのです。

個性あるものが、自由意志に基《もと》づいていろいろな魂修行をしている。そうしてみると、ここで「人間を知る」という学習材料が提供されたわけです。

そして、この「人間を知る」という学習材料において、例えば、人間が一人しかいない、あるいは三人しかいないというような状況《じょうきょう》であれば、そう長い魂修行は要《い》らないのですが、これだけの数の人がいて、個性ある人生を生きているということになると、「それぞれの人生を学ぶということ、それぞれの人間の考え方を知るということが、実は、世界を少しでも知っていく、その糧《かて》になる」と思うのです。

結局、大いなる学習材料として、いろいろな〝光の散乱〟があったし、そして、「互《たが》いに切磋琢磨《せっさたくま》することによって、勉強もできるし、喜びも生まれる」という点があると思うのです。

この会場には二百五十人がいますが、やはり、ここの二百五十人にもいろいろな方がいて、いろいろな考え方があり、議論をしてずいぶん勉強になることもあるし、学びの材料もあります。そういうことを学んでいくのも、大きな魂修行の一つであるのです。

人間はどうしても、「自分」という定点から世界を見ようとしがちであります。それを離《はな》れるためには、数多くの人々の考えに接する必要があるのです。

それが、この世的には、教養を積むという方法の一つにもなるのでしょうが、多くの人の考え方を知るということは、それだけ世界が広がるということです。世界が広がるということは、どういうことかというと、「見える世界が広がる」ということになるわけです。「それだけ神の心に近づいていく」ということであるのです。

（注）仏の七色《なないろ》光線……仏の光は七色（黄・白・赤・紫《むらさき》・青・緑・銀）に分けられており、それぞれに、法、愛、正義、秩序《ちつじょ》・従順、理性・思考、調和・自然、進歩・科学といった霊的《れいてき》な役割がある。黄金光線が七色を統合する役割を持つ。『永遠の法』『黄金の法』（共に幸福の科学出版刊）等参照。

6　なぜ善悪があり、天国・地獄《じごく》があるのか

Q6

「光の天使の輩出《はいしゅつ》」に関して、「神とはそもそも幸福そのものである」という観点と、「神は偉大《いだい》なる芸術家である」という観点があるとお説きいただいていますが、それはどのような意味であるのか、お教えいただければと思います。よろしくお願いいたします。

大悟《たいご》記念特別セミナー「『神理《しんり》文明の流転《るてん》』講義」
一九九三年三月二十八日　埼玉《さいたま》県・川口《かわぐち》総合文化センター・リリアにて

「現実に地獄があり、悪霊《あくれい》や悪魔《あくま》がいる」と知ることとの衝撃《しょうげき》

「幸福の創出」と「神の芸術」のところですね。これは難しい問題です。いわ

く言いがたいものです。

例えば、「この世になぜ善があり、悪があるか」というものの考え方がありま す。なぜ神様が創られた世界のなかで、善があり、悪があるか。なぜ地獄《じごく》があり、なぜ悪魔《あくま》がいるか。

やはり、事実は、〝衝撃《しょうげき》〟だと思うのです。

人間として三次元（この世）で生きているうちに、善悪をいろいろと経験するということもありましょうけれども、特に、私のように霊的《れいてき》な世界を知ってしまうと、「現実に地獄というものがあって、現実に悪霊《あくれい》、悪魔というものがいる」ということを知ったときのショックは、ものすごく大きなものであるのです。「こんなことが本当にあったのだな」と。話では聞いていていたし、そうだろうとは思っていたけれども、現実に悪魔や悪霊というものがいるのです。「人間の死んだあとの姿として、こんなものがあるのか」と思ったときに、この衝撃はもののすごく大きかったのです。

大部分の九十九パーセントの人は、「そんなのはどうかな」と思いながら、ぼんやりと生きているわけです。

ところが、現実に、「悪霊」なるものがいる。今、生きている人が、死んだあとにそんなふうになって、生きている人間に取り憑《つ》いたり、苦しめたりするようなことがある。さらには「悪魔」というものがあって、これは、もっと積極的に「人を害してやりたい」という気持ちを持っている。

こんなものが現実にいるということを知ったのは、私自身にとってはものすごいショックでした。「本当か」と。

確かに、生きている人間でも、そういう人はいることはいます。「もっとこいつをいじめてやろう」とか、「もっとこいつをいじめていじめて、追い込《こ》んでやろう」とか、そういうあくどい人というか、本当にこれが人間かと思うような考え方を持つ人も可能性としてはいるので、「それをもっと極大化していけば、そういう悪魔の存在もありうる」ということは推測はつきます。

しかし、現実に、「霊界《れいかい》に行っても全然成仏《じょうぶつ》しないで、いつも地上の人を地獄に引きずり込もうとしたり、苦しめようとしたり、人が苦しんでいるのを見たら喜んだりしているものがいる」ということを知るショックは大きかったのです。

しかし、よくよく考えてみると、われわれ地上に生きている人間のなかにも、そういうところはあるでしょう。人の不幸を見たら笑うような気持ちが、やはりどこかにはあるでしょう。自分の幸福が来ればいいけれども、自分の幸福はめったに巡《めぐ》ってこないので、人の不幸を見て、それを喜んで代用するようなところもあるでしょう。

これが増幅《ぞうふく》していくと、結局、それが悪魔のエネルギー源になっているのです。そういう行動源になっているのです。

なぜ、神様は天国と地獄を分けているのか

ただ、そうした「地獄があり、悪魔がいる。悪霊がいる」ということを知ることによって、逆に、「ああ、地上の人間のなかにも、そういう間違《まちが》った考え方があるのだな」と分かるようになります。

善か悪かというのは、この世ではなかなか分からないことですけれども、霊界、死後の世界に行ったら、もう議論の余地がないのです。天国と地獄はもうはっきりしています。どちらかなのです。中途半端《ちゅうとはんぱ》に上か下かみたいなものはないのです。どちらかにはっきり分かれてしまうのです。これが、天国と地獄が分かれている一つの理由だろうと思うのです。

この世でいくと、善か悪か分からないでしょう？　現実には、どちらが正しくてどちらが悪かよく分からなくて、裁判になったりもよくしているわけです。

例えば、この世で見たら、幸福の科学が天使なのか、悪質週刊誌が天使なのか、まあ、みな分かっているかもしれないけれども、いちおうは分からないことになっていて、この世的にはそのようにやっているわけです。（注）

あの世的に見たら、こんなものはもう議論の余地がほとんどないのです。はっきりと分かれてしまうのですが、地上の世界ではそれが分からないのです。

その善悪をはっきり教えるために、神様は、ある程度、天国と地獄を分けて、苦しいけれども「教育効果」として置いてあるのだと、そういうふうに私は理解できるようになったのです。

「悪なる思い」と「自由」の関係について

そのもとは、「人間のなかに、悪なる心を出す、そういう思いがある」ということです。なぜ、悪なる思いを出すことができるのか。これを出ないようにすれば、どれほど幸福かと思うのだけれども、よくよく考えてみたら、「自由」ということは、そういうことなのです。

自由ということは、そういうことで、〝何をしても構わない自由〟を持っているわけです。それは本当に「完全なる自由」なのです。完全なる自由を本当に与《あた》えられたわけです。

もし、悪なる思いを一切《いっさい》出せないようにしたら、これは「不完全な自由」です。一定の方向性しか持っていないわけですから、これは完全な自由ではないのです。

完全な自由があるから、この会場を、こういうふうにセミナー会場として、「みなが座《すわ》って話を聴《き》く」という使い方もできるし、例えば、私が演壇《えんだん》でこのように話をしているけれども、「完全なる自由」と言って、コップを持って前の人に投げたって構わないのです。その自由は許されているわけです。

私がバッとコップを投げようとしたら、神様はこれを止められないのです。光の天使も止められません。前に座っている人に向かってまっすぐ飛んでいきます。そのまま行って、相手が避《よ》けないかぎりは当たるのです。当たった以上は必ず痛いのです。次には血が出るのです。

こういう〝完全な自由〟があります。〝コップを投げるという自由〟を持っている。「もっと後ろまで投げてやろうか」と思えば、思える。思いを出せる。出せるけれども、しない。

ここのところに、「選択《せんたく》と判断」が表れてくるのです。「その判断がよいか悪いか」ということが出てくるのです。

なぜ、その判断をしたか。コップを投げないで、水を飲むだけに使うか。こういうところに、この世での人間の魂《たましい》の修行《しゅぎょう》があるわけです。そういう「判断」について「責任」を取らされるようになっているのです。

でも、これは考えてみたら、素晴《すば》らしいことだと思うんですね。

例えば、人間の手が機械のようになっていて、水は飲めるけれども、コップを人に投げようとしたら、金縛《かなしば》りのように動かなくなって届かない。コンピュータ制御《せいぎょ》をしたら、そんなこともありえるかもしれません。投げようとしたら投げられない。飲もうとしたら飲める。このようにプログラムすることも可能かもしれないけれども、しかし、また不自由な世界ではあります。

物を投げられないようにしたら、神様は、「これで人間は『悪』ができなくなるから、よくなっただろう」と思うかもしれませんが、野球ができなくなったりします。

あるいは、夫婦喧嘩《ふうふげんか》ができなくなったり、いろいろとあるかもしれませんけれども、〝夫婦喧嘩で物を投げられる自由〟も、やはり最終的にはあったほうがいいこともあるのでしょう。

フライパンを投げようとしたら、手がフライパンとくっついてしまって投げられなくなるとか、そういうことだってありえるかもしれません。悪を起こさないために、そういうプログラミングもありえるかもしれないけれども、フライパンを投げようとしたら、投げることはできる。一方、ご主人のほうにも、フライパンを避ける自由はある。

そういうふうに、自由と自由が相克《そうこく》しながら、当たったら、そこに「悪」が現れてくる。当たらなかったら、「許し」というのが現れてくる。この世で、そうした非常に〝レベルの低い修行〟をいろいろとしているわけです。

でも、考えてみると、どうでしょうか、みなさん。どちらがいいかというと、やはり「完全な自由」のほうがいいのではないでしょうか。

野球のボールを投げて野球をすることもできるけれども、石を人にぶつけて傷つけることもできる。いろいろな自由があるけれども、そのときに、できたり、できなかったりすることが、コンピュータのようにガチャガチャと決まっていたら、どうでしょうか。やはり、それはあまり「幸福」とは言えません。「完全なる自由」とは言えません。

この世での善悪の判断について

「悪」と言うけれども、結局、それは、「自由を発揮した結果、ほかの人を傷つけること」です。これを「悪」と言うのです。

あるいは、傷つけることがあっても、（それをした場合と、しなかった場合の）利益と利益、幸福と幸福を比較衡量《ひかくこうりょう》した場合に、是《ぜ》とされるようなことをするかどうかです。

「人を傷つけてはいけない」ということだけであれば、外科医《げかい》などはみな危ないでしょう。それはみなやっていますす。お腹《なか》を切っていますから。

知恵《ちえ》の足りない人が見たら、「あっ、人殺し！」と言うでしょう。ずっと切っているんですから。心臓をつかんだりしたら、これは大変なことですね。知恵が足りなければ、「人殺し！」と言って、警官が来て、ピストルで撃《う》ったりするかもしれません。

しかし、「いや、そうではなくて、あれは体を治そうとしているんだよ。血が出たり内臓を切ったりするけど、それで体を治そうとしているから、いいことなんだよ」という理由がついて、それは〝善〟であるわけです。

ただ「血を流す」ということだけを見たら〝悪〟だから、「人は他人《たにん》を傷つけることが全然できない」というふうになったら、外科医は手が動かなくなります。必ずそうなります。そういうものです。

ですから、「それはいいことか、悪いことか」というのは、一つひとつの「判断」が伴《ともな》うわけです。

また、医者でもなく、免許《めんきょ》を持っていない人が「俺《おれ》は治せるから」と言って手術をやり、結果、病気がよくなった場合はどうでしょうか。

医者でもないのに執刀《しっとう》をして手術をしてしまった。「いいじゃないか、それで治ったんだから」と言っても、そういう無免許の医者を認めたら、それは、世の中にとっては攪乱《かくらん》要因になって危ないのです。社会が保持できなくなります。だから、それは法律で禁じられていて、罰《ばっ》せられることになります。

本人としては、「この人を助けたのだから、いいじゃないか」と言うかもしれないけれども、無免許の医者でどんどん手術をやられたら、大変なことになります。「大きな社会的利益を失うので、あなたはいいことをしたつもりかもしれないけれども、もっと大きな見地からは、それはいけないことだと判断されているのですよ」ということです（もちろん、緊急《きんきゅう》の人助けや宗教的治癒《ちゆ》を否定しているわけではない）。

行為《こうい》そのものを見るだけでは、善か悪かはなかなか分からないのです。もっと大きな見地から、利益あるいは幸・不幸というものをよく見て、それが善であるかどうかが判定される。それを選び取っていくところに、「人間の進歩・進化」があるのです。そこに「魂の磨《みが》き」があるわけです。

そういうことがあって、この世でいろいろな自由を与えられているのです。

地球自体、宇宙自体が持つ芸術性とは

ですから、地獄があるというのは、「完全な自由に付随《ふずい》しているもの」だと思います。

もし、神様だけの気持ちでこれをなくしてしまうのだったら、人間は〝不完全な動物〟として生きることになります。

コンピュータのようになれば、悪を犯《おか》さないで済むだろうと思います。しかし、コンピュータがあちらにもこちらにも座って話を聴いているとして、どうしてコ

ンピュータが私の話を聴く必要があるのでしょうか。コンピュータは、話を聴かなくても、プログラムで入れてしまえば終わりです。そのとおりにしか動けませんから、それでいいわけです。

しかし、現実には、話を聴いても、十人十色《じゅうにんといろ》、千人千色《せんにんせんいろ》、みんな違うように聴いて、自分なりに解釈《かいしゃく》して判断するわけです。そこで、個人の向上と堕落《だらく》の道が分かれてくる。その結果というものが返ってくる。こういうことがあるわけです。

この過程を見ると、善悪の考え方、あるいは天国・地獄の考え方、それ自体がいいかどうかという、そういう二元的な考え方以上に、やはり、「芸術的なものの考え方」があるという感じがします。

芸術においては、劇でもミュージカルでも歌劇でもいいのですが、やはり、「悲劇」などがいろいろと出てきて楽しむものがあります。目を楽しませる芸術性が高まっていく。最初から最後までハッピーエンドでは面白《おもしろ》くありません。いろいろなドラマがあって、「いやあ、よかった。なかなかいい劇であった」というようなことがあります。

そういうふうに、地上に生きている人間を楽しませてくれながら、人類全体でも大いなる経験を積めるように、いろいろなことをやらせてくださっているのです。

こういう「芸術的観点」から見たときに、この世のいろいろな善悪の模様、それから、天国・地獄が分かれていく模様というのがよく分かるような気がします。それは非常に高い観点からのものの見方なので、この世的な人間から見たら、なかなか分からない、理不尽《りふじん》なところもあるように見えるけれども、別な意味で、非常に大きな愛であるのです。

先ほど言ったように、いちいち判断しなければ、善か悪かが分からないようにされているということ自体が、魂の磨きになっていて、非常にいい教訓なのです。

そういうことを知るわけです。

そういう意味で、全体が、本当に地球自体が、宇宙自体がドラマ仕立てになっています。そういう芸術性を持っているのです。

「光の天使」が誕生する環境《かんきょう》

また、「悪」というものが出てくるからこそ、「光の天使」というものも、また磨かれて生まれてくるのです。そういう砥石《といし》のようなものがないと、なかなか分からないのです。この世のなかで、「悟《さと》り」というものがないわけです。そういう妨《さまた》げるものが出てくるから、「悟り」というものもまた出てくるのです。

氷が多ければ、融《と》けたときの水もまた多い。悩《なや》みが深ければ、悟りもまた深い。そういうことがあるわけです。大きな氷は、大きな水を含《ふく》んでいる。大きな悩みは、また大きな悟りを含んでいる。大きな迷いは、また大きな悟りを含んでいる。

すべて、芸術的な観点から理解できることです。

この世にいろいろな困難や苦難がある。悪もある。戦わねばいけない相手もある。それであってこそ、また、そういう難しい環境《かんきょう》であるからこそ、光の天使が多数誕生できる場であるのです。

これが、人口密度がものすごく少なくて、一キロ四方に人がポツンと一人しかいない、そういう、〝羊飼いだけがいるようなところ〟だと、光の天使も出ようがないのです。一キロ四方に一人ぐらいしか人がいないのでは、ときどき会って、「ああ、お久しぶりですね」だけで終わりですから、全然出ないのです。

そうでないところでは、犯罪が起きたり、悩みが出てきたりします。しかし、そういう難しい環境だからこそ、魂の砥石となって磨く過程があるのです。だから、光の天使も出られるのです。

悪い環境もある。難しいこともある。戦いもある。だからこそ、また修行がある。だからこそ、今世《こんぜ》最大の修行ができる。だからこそ、過去何転生《てんしょう》しても光の天使になれなかった方であっても、今世、幸福の科学の会員となって、たちまち〝光の天使になる可能性〟が、今、与えられているのです。これは素晴らしいことです。

そういう時代に生きているので、今回ならなかったら、次は〝危ない〟ですよ。次回はなかなかなれませんよ。今回、光の天使になれないようなら、なれないでしょう。今回は、可能性としては非常に高く、本当に十倍ぐらいの〝配当〟になります。いつもの時期の十倍ぐらい可能性は高いのです。間違いないです。

そういうときなので、単なる「善か悪か」で悩むのではなく、あるいは、「苦しみ」と言って悩むのではなく、「ああ、素晴らしい芸術だな。よし、このなかで自分も一つの絵を描《か》いてみよう。音楽を一つ作曲してみよう。劇中の人物になってやってみよう」という、もう一人の自分を醒《さ》めた目で見て演出しているような、そういう目を持っていただきたいのです。

そうすれば、人生のすべての荒波《あらなみ》を越《こ》えていけるのではないでしょうか。そういう考えです。

（注）一九九一年、講談社が「週刊フライデー」誌上等で、捏造《ねつぞう》に基《もと》づく悪質な連続記事で幸福の科学を誹謗中傷《ひぼうちゅうしょう》した。それに対し、精神的苦痛や風評被害《ひがい》を受けた信者たちが精神的公害訴訟《そしょう》を提起、抗議《こうぎ》活動を行《おこな》った。ただ過去のことであり、現在、講談社グループとは、良好な関係を保っている。

第2章

霊《れい》的《てき》な自分に目覚めるヒント

1 過去世《かこぜ》の経験が今世《こんぜ》の人生に与《あた》える影響《えいきょう》とは

Q1

肉体的健康などのその人の傾向性《けいこう》は、今世《こんぜ》、生まれてからの要素だけではなく、過去世《かこぜ》からの問題もあるのではないかと思うのですが、そのあたりについてお教えください。

ウィークデーセミナーA「常勝《じょうしょう》思考」(3)「人生と勝利」
一九八九年七月五日　東京都・社会文化会館にて

過去世の影響はどのように現れるのか

はい、分かりました。

これは魂《たましい》によってずいぶん違《ちが》うので、何とも言えないと思いますが、例えば、私の魂のなかには、大きく二つ〝エラを張っている部分〟があります。

一つは、月刊誌に連載《れんさい》されていますが（注）、〝学歴秀才《しゅうさい》ではないような人〟が過去世《かこぜ》におります。「筋肉隆々《りゅうりゅう》で、戦《いくさ》をすれば負けたことがない。女性には良くもてる」というような人が過去世におりました（笑）。

こういう人の習性が出てくるとどうなるかというと、私は泳ぎたくなってしかたがなくなってきたり、いろいろするのです。それから、筋肉を使いたくなったり、いろいろするのです。こういう人が影響《えいきょう》してくると、そういうふうになってきます。

ところが、インド時代の魂が影響し始めると、「寝釈迦《ねしゃか》」とよく言いますけれども、これはいちおう瞑想《めいそう》しているのでしょうが、すぐ体が横に傾《かたむ》いていくのです。（右手で頭を支えるしぐさをしながら）こういうふうに横になるのです。

私自身、過去の魂の影響を受けると、こうした癖《くせ》が出てくるのは事実です。

そうしてみると、みなさんも魂のなかに過去いろいろと経験があるでしょうから、やはり、「郷愁《きょうしゅう》がある部分」というのはあると思うんですね。

やたら富士山《ふじさん》に登りたがる人など、こういう人は、やはり何かやっていたのではないかという感じがします。

やたら山登りが好きな人、やたら湖で潜《もぐ》ってみたくなったりする人、海や水が好きでしかたがない人、滝《たき》のあたりへ行くと落ち着く人、こういう人は、過去、何かそれに関することをやっていたということですね。

スポーツに限らず何でもそうですけれども、特に魂がグーッと惹《ひ》かれるものというのは、「過去、それに類したことをやった経験があることが多い」ということです。

私は、ごくごくたまにですが、野球を観《み》ることがあります。すべての球団のファンです。東京に住んでいますので、巨人《きょじん》はちょっと好きですけれども、いちおう中日《ちゅうにち》も阪神《はんしん》もみんな好きです。それで、ときどき観ていると、野球の選手に見えなくなることがあるのです。「刀を抜《ぬ》いているように見えてしかたがない」ということがあるんですね。

ああいう野球でバッターをやっているような人は、みなほとんど侍《さむらい》です。昔、刀を振《ふ》り回していたのが、今回は刀を振れないので、しかたがないからバットを振っているのです。ああいう長いものを見たら、燃えるというか、何か振りたくなるというのはだいたいそうです。お侍さんなんですね。

特定の選手を言ってはいけませんが、顔を見ると新撰組《しんせんぐみ》みたいな顔をしている人だっています。「あらっ？」と思うような人もいます。過去世で、そういう経験があるのではないでしょうか。そういう人もいます。

そして、非常に評判のバッターになると、昔でいくと「免許皆伝《めんきょかいでん》」などと言ってやっていたような人でしょう。だいたい、剣豪《けんごう》をやっていたような人が生まれてくると、名バッターとか、そういうふうによく出てくるのです。

ピッチャーのほうはどうでしょうか。球《たま》を投げる仕事があったのだろうかという感じはありますけれども、やはり、昔の郷愁というものはあるでしょう。

道具でも、「どうも惹かれるもの」というのがあります。スポーツでもあるし、どうしても魚釣《さかなつ》りが好きで好きでしかたがないような人は、漁師をやっていたことも多いかもしれません。今、園芸に凝《こ》っているような人は、昔、お百姓《ひゃくしょう》さんだったりとか、そういうこともあるでしょう。

そういうふうに、魂の生地《きじ》というものはあって、特に教えられたわけではないのに強く惹かれるものがあるなら、魂の影響があります。

今世《こんぜ》、新たなものを開発することもできる

ただ、それはそれとして、そこに才能はあるが、今世《こんぜ》また新たに開発するとい

うことはできます。

そして、今世、身につけたものは、今後の一つの「魂の力」として使っていけますから、自分の傾向性《けいこう》を見て補うものがあれば、やってみるとよいでしょう。

昔は剣豪だったかもしれないけれども、今回はゲートボールに凝ってみるとかいうこともあると思います。すると、次回に出たとき、何か変わったものが地上に生まれているかもしれませんが、ボールを打ってゲートに通したりするのがうまくなっているかもしれません。

「新たなものを開発する」という気持ちも大事だと思います。

（注）説法《せっぽう》当時、月刊「幸福の科学」に、古代ギリシャの英雄《えいゆう》ヘルメスの半生を描《えが》いた「愛は風の如《ごと》く」が連載《れんさい》されていた。現在は『愛は風の如く』（全四巻、幸福の科学出版刊）として書籍《しょせき》化されている。ヘルメスは「愛」と「発展」の教えを説き、全ギリシャに繁栄《はんえい》をもたらした。

2 眠《ねむ》っている潜在《せんざい》意識を目覚めさせるには

Q2 人間の魂《たましい》は、原則、「本体一人・分身五人」で一つのグループをつくっていて、自分以外の魂の意識が、いわゆる「潜在《せんざい》意識」に当たるとも教えていただいています。それと、自己実現の関係についてお訊《き》きします。

例えば、仕事をしながら同時に真理の活動もできれば、一つの自己実現ができると思います。肉体に縛《しば》られない「魂」という部分で、「魂のきょうだい」という性質の違《ちが》った複数の存在を同時に「自分」と認識できれば、他の力を使って自己実現をすることにつながると思うのですが、そのあたりのことについてお教えください。

復習セミナー 第十回
一九八九年四月十二日　東京都・幸福の科学研修ホール（西荻窪《にしおぎくぼ》）にて

潜在意識が働き始めると人生はどう変わるか

私だけではなく、みなさんも共に、時間的にも肉体的にも活動に限界があって苦しんでおられるのだろうなと思います。そこで、「自分の魂のなかの他の部分を使うことができたら、もっと違う活動や仕事ができるのではないか」と、はっきり言えば、こういう考えですね。

それは可能であります。

通常の場合、「自分の残された意識の部分（潜在意識）」というのは、地上から見れば、半《なか》ば眠《ねむ》っている状態です。あの世から見れば、向こうで一生懸命《いっしょうけんめい》に働いているだけなのですが、地上から見れば眠っている状態です。これを三次元に〝引きずり出して〟くるためにはどうすればいいかというと、三次元にいるあなたの意識の部分が、彼らと同調してこなければ駄目《だめ》なのです。

すなわち、三次元に生きておりながら、あなたの本来の魂は六次元か七次元（注）か知りませんけれども、そこにいる魂たちが活動できるための「磁場《じば》」をつくってやらなければいけないのです。三次元にいながら、六次元なり七次元なりの波動《はどう》をあなたの心が出すことができたら、彼らはこの三次元にも「活躍《かつやく》の場」が出てくるのです。

そうするとどうなるかというと、一つは、あなたの仕事面とか、あるいは真理学習・活動面においてサポートをし始めますし、もっと大きな力としては、「他の人々を動かす」という力があります。これについては、地上の人間の比ではありません。

私もこの道に入る前は一介《いっかい》の商社マンでしたから、指導霊がいくらいたところで、彼らは力を貸すことはできなかっただろうと思います。仕事上、ちょっとサポートをしても、そんなものは大したことではありません。

しかし、こういう真理の活動を始めると、「協力者をたくさん募《つの》ってくる」ということは、そうとうやっているだろうと思います。私が気がつかないところで、そうとういろいろな人を引っ張ってきているだろうと思います。そういう活動をしてくれています。

それは、私の潜在意識だけではなく、みなさんの潜在意識にもできる仕事です。そして、そうした潜在意識が働き始めると、あなたの悩《なや》みなど、あなたの障害物の部分を取り除《の》けてくれるようになります。そして、道が自然に開けるようになります。

人間は、「こういうことをしよう」「こういういいことをしよう」と思っていても、自縄自縛《じじょうじばく》して、「邪魔《じゃま》があるだろう」とか「無理だろう」とか思うけれども、この縛っている部分が解《と》けることがあります。

それは、自分の周りにいる人たちが協力者で満ちたときです。ものすごく楽になるのです。そういうことは可能です。

ですから、非常に地道な方法だけれども、あなたも自分の心を、波動を、もっと上げていくことです。それによって、実は、五倍、十倍の働きができるようになります。これは「自力から他力《たりき》への道」ですね。

やってみてください。もっともっと大きな力が出てくるはずです。

（注）六次元か七次元……霊界《れいかい》では、一人ひとりの信仰心《しんこうしん》や悟《さと》りの高さ等に応じて住む世界が分かれている。地球霊界では、九次元宇宙界以下、八次元如来界《にょらいかい》、七次元菩薩界《ぼさつかい》、六次元光明界《こうみょうかい》、五次元善人界、四次元幽界《ゆうかい》まである。『永遠の法』（前掲《ぜんけい》）等参照。

3 守護霊《しゅごれい》の存在と生まれ変わりの真相

Q3

魂《たましい》の本体・分身理論について質問いたします。「人間の魂は『本体一人・分身五人』で魂のきょうだいのグループをつくっていて、順番にこの世に生まれ変わってくる。そして、一人が地上に出ている間は、主として本体の魂が守護霊《しゅごれい》をする」ということですが、本体が地上に出ているときは、誰《だれ》が守護霊をするのでしょうか。

また、仮に私が分身の一人だとします。その私が次に出てくるのは、「普通《ふつう》の人だと生まれ変わりの周期は三百年ぐらい」ということなので、三百年後かなと思ったのですけれども、それはほかの分身が生まれるということで、私自身は二千年近く生まれないのでしょうか。そのへんを教えていただきたいと思います。

一九九〇年 第一回上級セミナー「『スウェーデンボルグ霊示集《れいじしゅう》』講義」
一九九〇年六月十七日　神奈川《かながわ》県・川崎《かわさき》市立教育文化会館にて

「守護霊」と「縁故霊《えんこ》」について

「本体が出るとき」といっても、もちろん魂のきょうだいの一人が守護霊をします。

守護霊の仕方はだいたい二種類で、まず、「その人の直前に生まれた人」がする場合です。それは最近のことをよく知っているからです。それと、「次に生まれてくる人」が勉強のためにする場合とがあります。だいたいこの二種類が主流です。

これが主力ですが、ほかの魂たちがいろいろと仕事で忙《いそが》しい場合には、違《ちが》う魂に頼《たの》んでしてもらう場合もあります。こういうことがあります。

それと、いわゆる魂のきょうだいではちょっと力が足りない場合には、それと合わせたように、「縁故霊《えんこ》」といいますか、「魂に縁のある霊」がつくこともあります。指導霊というほどではまだありません。それほどの力はないけれども、縁故霊というのがあって、例えば、過去世《かこぜ》で、きょうだいや親子、友人であったような人のなかで、ある程度、守護霊をするのに似つかわしいような実力、経験を持っているような人がいると、応援《おうえん》に駆《か》けつけてくることがあるのです。

ですから、本体の守護をするときなどで、ちょっと力が足りないような場合には、そういう縁故霊も来て、一緒《いっしょ》になって助けてくれることがあります。

このへんは地上の人間世界と一緒で、やはり「人脈」があるものですから、孤《こ》立《りつ》している人もいるけれども、仲間がいる人もいます。顔が広い人は、あの世でもいろいろとバックアップしてくれる人は多いのです。

そういうことが一つです。

魂《たましい》のきょうだいと生まれ変わりの周期の関係

あとは、「生まれ変わりで、二千年ぐらい出てこないのか」というような質問ですね。

現実に言うと、あなたという魂《たましい》個性自体は、周期的にはかなり長くなります。ただ、地上に出た分身があの世に戻《もど》ってきたときに、魂のきょうだいが全員集結して、勉強して喜び合うのです。そのときに、ある程度、経験を共有できるようになるのです。

あなたの経験のなかに共有しているので、それは、意識としては、あなたが経験したこととほとんど一緒になってしまうのです。あなた自身の経験と、まったく同じようになるわけです。だから、それはあなた自身の経験でもあるのです。

このへんは「認識の世界」になってきて、ちょっと難しくなってきますが、

「個性を持って地上に下りているときは、もちろんその人自身の経験だけれども、還《かえ》ってきた場合には、その経験を共有することができるようになるのだ」というふうに考えてください。

ですから、あなたは（次に生まれ変わるのは）「二千年後ぐらい」かもしれないし、「二、三百年ずつ生まれ変わっている」と言っても、それも真実であるのです。「両方とも真実であるという世界がありえる」ということなのです。

4 魂修行《たましいしゅぎょう》における男女の違《ちが》いについて

Q4 私は、「来世《らいせ》、男性に生まれることができるのならば、今世《こんぜ》、女性として精一杯《せいいっぱい》生きよう」というつもりで今まで生きてきたのですが、幸福の科学の本を読むと、女性の高級霊《こうきゅうれい》の方が、「女性は女性らしく生きなさい」ということをおっしゃっています。

しかし、今は女性も社会参加の機会が多くなり、女性の生き方をだんだん問われるようになっています。特に、政治や経済の方面にも女性が進出していますが、これについて、どのように考えたらよいでしょうか。

一九八九年 第五回講演会「成功理論の新展開」
一九八九年七月十六日　愛知県・ホテルナゴヤキャッスルにて

男性と女性、それぞれに魂修行のテーマがある

「男女の分かれ目」というのは、それは微妙《びみょう》なものです。どちらにでも生まれる魂《たましい》もいます。みなさんのなかにも、(転生《てんしょう》の過程で男女が) 変わった人はいるでしょう。

ただ、女性として肉体を持ったということは、魂修行《しゅぎょう》としては、「調和ということを中心にしなさい」ということが、神様との約束としてあるのです。

男性として生まれた魂は、どちらかというと「進歩」というものを魂修行の一つの大きなテーマにしています。もちろん、片方だけではなく両方ありますが、主として「進歩」という魂修行を背負っているのが男性、「調和」という魂修行を背負っているのが女性なのです。

そして、「進歩」と「調和」というものがエネルギー的に調和してこないと、

宇宙は均衡《きんこう》が崩《くず》れるのです。その秩序《ちつじょ》が乱れてくるのです。「進歩の力」と「調和の力」は均衡していないと駄目《だめ》なのです。宇宙が整然としないのです。

そういう魂修行ですから、女性に生まれてきたということは、「魂のなかに、調和に惹《ひ》かれる部分が多かった」ということなんですね。もちろん、「調和」ばかりでは物足りなくなった方は「進歩」に転じていくでしょう。そういう魂も出てくるでしょう。そういう魂は、生まれ変わりで男性に生まれてきます。

女性をしていても、〝今世《こんぜ》限りの女性〟という人はいます。あなたも、そうなるかもしれません。そのときは男性に生まれられますから、それはあの世の役所で言ってください。魂を判定して、「これは『進歩』のほうに切り替《か》えないと、この魂はもうこれ以上、進化がない」と思われたら、切り替えてくれます。私が許可しますから、もう言っておきますので、どうぞ生まれてください。

「個人の恨《うら》み」と「公共の恨み」は別ですからね。やはりそうしないと、どうも話が違《ちが》ってきます。

「宇宙の原理」から見た男女の違《ちが》い

そういうことで、女性のなかに、「社会参加して、男性と同じように働きたい」という人が増えてきましたが、こういう魂が増えてきたということは、今言った「宇宙の均衡」からいくと、ちょっと乱れて、バランスが崩れてきたということです。

そうすると、釣《つ》り合いを取るためにどうなるかというと、〝女性的な男性〟がいっぱい出てくるわけです。これで力が均衡するのです。こうしないとバランスが崩れるのです。

ですから、〝女性の男性化〟をもし肯定《こうてい》するなら、〝男性の女性化〟も肯定しなければいけないのです。そうしないとバランスが崩れます。「世の中には、そういう男性がいっぱい出てきてもいい」と思ったら、肯定してくださって結構です。そういうときには、魂はおそらく、しばらくの時間の間で切り替わって、入れ替わります。〝女性化している男性〟は、やがて女性霊に組み入れられることがあるでしょう。そういうことです。

短期的に、数百年というような単位で見たら、「男性・女性」というのは九十何パーセント変わりませんが、もっと長いスパンでいくと、だんだんだんだんに変わってくるのです。いきなりは変わらないのです。少しずつ、少しずつ変わっていくのです。そして、中間点が来て、どちらかに切り替わります。そういう可能性があります。（注）

もっと上（八次元以上）に行くと、本当は、男性と女性は区別がないのです。区別があると思っているのは間違《まちが》いなのです。それは肉体を持って見ているからで、肉体を持っていない時期のほうが長いのです。高い霊界《れいかい》にいる魂たちは、肉体を持っているのは数十年の一点です。肉体を持たないで生きているのは何百年、何千年です。

男性・女性は、本当は関係がないのです。それはないのです。あくまでも、「地上に生きていたときの姿を出すと、男性あるいは女性」というだけで、本当は関係がないのです。本来ないのです。それは、ただ、地上の人間に分かるような範囲《はんい》で説明し、現しているだけです。

「進歩と調和では、あなたはどちらが優《すぐ》れているか」と言われて、即答《そくとう》できますか。できないでしょう。両方とも、もうかっちりした「宇宙の原理」で、両方とも値打ちがあって、イコールなのです。「進歩の原理」と「調和の原理」は、どちらが突出《とっしゅつ》しても崩れるのです。

ですから、私は、男性も女性もその値打ちにおいては一緒《いっしょ》だと思います。ただ、「魂の目的とするもの」が違うので、それを実社会で表現すると、現在のような姿になってきているということです。それで分かってください。
頑張ってください。

（注）その後の霊言《れいげん》や霊査《れいさ》によって、現代では、過去世《かこぜ》で男性だった魂《たましい》が女性に生まれたり、女性だった魂が男性に生まれたりするケースが多いことが分かってきた。それがＬＧＢＴ等の原因の一つとも見られており、転生輪廻《てんしょうりんね》にもさまざまな形態があることが判明している。ただ、創造主の意に反して、この地上での男女差を完全になくしてしまうと、社会的混乱も生まれており、各宗教が対応しかねているのが現状である。『エル・カンターレ　人生の疑問・悩《なや》みに答える　幸せな家庭をつくるために』『宗教者の条件』（共に幸福の科学出版刊）等参照。

5 「悟性《ごせい》」とはどのようなものか

Q5

今日のご講演のなかで、「悟性《ごせい》」という単語があったのですが（『悟《さと》りに到《いた》る道』〈幸福の科学出版刊〉参照）、「悟性」というものがどういうものなのか、もう少し詳《くわ》しく教えていただければ幸いです。

一九九〇年 第十一回大講演会「悟りに到る道」
一九九〇年十月七日　新潟《にいがた》県・長岡《ながおか》市厚生会館にて

「悟性」と「知性」「理性」の違《ちが》いについて

今日、お話ししたなかでは、「感性」「感じる性質」、「知性」「知的な性質」、「理性」「物事を見極《みきわ》めたり、筋道《すじみち》立った考え方をしたりすること」、それから、

「悟性」「悟りの性質」ということを言いました。

「悟性」というのは、分かりやすく言いますと、「直観的能力」というふうに言い換《か》えてもよいのです。「直観能力」というものがあるでしょう。「説明を抜《ぬ》きにして分かる力」というものがあるでしょう。

相手を見て、ピンとくる。「これはいい人だな」「これはちょっと悪い人だな」とか、「これはお金持ちだな」「貧乏《びんぼう》な人だな」とか、「これは何か悪いことをした人じゃないかな」とか、あるいは「この人は、近いうちに結婚《けっこん》するんじゃないかな」とか、こういう、いろいろなインスピレーションがピッと来るでしょう。

こういうものが、「悟性」というものと非常に近いものなのです。これは、みなさんがたも、たぶん体験されていると思いますが、理屈《りくつ》で説明がつくものではありません。

「知性」や「理性」の部分は、理屈でかなり説明がつくものです。

「知性」のところだと、「こういうふうに書いてあるから正しいのだ」「間違《まちが》いなのだ」というふうになるし、「理性」でいきますと、ちょっと推論するわけです。「ここでこうであるから、この場合にもこうだろう」というふうなことを推定したりするのは、理性的な考えなのです。

例えば、今日述べた話（『悟りに到る道』第3章参照）でいくと、「他人《ひと》の三輪車に乗ってはいけないのだったら、他人の車にも乗ってはいけないのだろうな」とか、そういうふうなことを推論していく力というのは、これは理性の力なのです。実際に経験していないことであっても、そうした状況《じょうきょう》から見て考えていくというのは、理性の力なのです。

「悟性」というのは、直観的に、「ああ、これはいけない」「これはいい」というようなことがひらめいてくるかたちで、非常に霊的《れいてき》な能力に近いものであるということなのです。

この世では「感性」から出発し、「悟性」に向かう

地上に下りていますと、やはり、肉体に宿り、肉体感覚を中心に生活しています。また、学校で習うことは知識的なことが多いですね。ですから、魂的《たましいてき》には、まず「感性」のところから出てくるのです。感覚的なことから学び始めて、学校の教育を得て「知性」が目覚めてきて、そのうち、社会のなかで管理職やリーダーをしているうちに、「理性」のようなものがだいぶ目覚めてきます。

あるいは、技術系統の理科系統の人などには、理性的な人がかなり多いのですが、筋道立ったものの考え方というのは、生まれつきではなかなか出てきません。〝筋道立ったものの考え方をする赤ちゃん〟なんて見たことがないので、これはできないのです。生まれつきでは無理なのです。

判断がいろいろとできるようになってきて、そして、そのなかでだんだんと霊

的に目覚めてきたり、あるいは、真理を勉強したり、宗教を学んだりしているうちに、いろいろな霊指導などを受けるようになったり、自分自身でも直観的にいろいろなことが分かるようになったりする。これが「悟性」の能力なのです。

あの世に還《かえ》った世界、すなわち、魂に戻《もど》った段階では、みな、この悟性的な部分が多いのです。極めて霊的な判断をするのです。「直観的に物事を捉《とら》えていく」というのが本当は中心なのですが、この世に出たら、この順番が逆になってくるのです。

それゆえに非常に苦しい魂修行《しゅぎょう》があるのですが、最後には肉体を脱《ぬ》ぎ捨てて魂にならないといけないわけですから、「感性」から出発して、「悟性」にまでできるだけ近づいておくほうが、「今世《こんぜ》の修行を終える」という意味では進歩につながってくるのです。

ところが、「悟性」まで行かずに「感性」だけで生きている人間は、来世《らいせ》に還ってからかなり難しいことがあります。

そもそも、「感性」には善悪などほとんどないのです。感性というものは〝感じるまま〟であって、善悪はほとんどありませんから、これから高度に感覚が発達していかなくてはいけないのです。

以上、全体を説明しましたけれども、「悟性とは、要するに霊的直観能力です。もう理屈を抜きにして、知識を抜きにして分かってしまう感じです。これが悟性です。霊的能力です」ということです。

6 「諸行無常《しょぎょうむじょう》」「諸法無我《しょほうむが》」が示す霊界《れいかい》とこの世の関係

Q6 多くの人に幸福の科学の教えを、分かりやすく、正しく伝えさせていただきたいと思っているのですが、「諸行無常《しょぎょうむじょう》」と「諸法無我《しょほうむが》」の説明の仕方について、お教えいただければと思います。

京都特別セミナー「『悟《さと》りの発見』講義」
一九九二年五月二十四日　京都府・KBS京都放送会館にて

「諸行無常」とは何を教えているのか

はい、分かりました。これを詳《くわ》しくやると、質問の時間が終わってしまう恐《おそ》れがあるので簡単に申し上げますが、「諸行無常」というのは、「この世ははかないよ」ということです。「諸法無我」というのは、「あの世が本当の世界だよ」ということです。もう、これで〝終わり〟なのです。

そういうことなのですが、これをいろいろと説明すると、「ああでもない、こうでもない」と長くなるのです。

要するに、「諸行無常」というのは、「もう、この世というのは移ろいゆくもの、はかないものですよ。何一つ、実体のあるものはありませんよ」ということです。「実体のあるものはない」というのは何かといいますと、「つかまえていて、そのままでずっと持っていられるものはないですよ」ということなのです。

例えば、自分です。「いちばん愛《いと》おしい」と思っている自分だって、本当に自分かどうか、よく考えてごらんなさいということです。

髪《かみ》の毛一本、白髪《しらが》を黒くすることも、黒いものを白くすることもできないでしょう。歯一本、虫歯を元どおりに戻《もど》すこともできないでしょう。歯医者へ行けばできますが、自分自身では、虫歯を元に戻すことも、歯を虫歯にすることも、思ってすぐにできるものではないでしょう。心臓の鼓動《こどう》一つ、自分で自由になるものではありません。

あるいは、食欲だって、自分で「三日に一回、食べることにしよう」などと考えても、そうはいかないですね。思いに反して、お昼になったらお腹《なか》が空《す》いてくる。そういうことがあります。

睡眠《すいみん》もそうです。「睡眠なんか時間の無駄《むだ》だから」と、寝《ね》ないでいるようにしようとしても眠《ねむ》くなってきます。こういうふうに、「自分のものだ」と思っている、この自分自身さえ、自由にはならないのです。

「生《しょう》・老《ろう》・病《びょう》・死《し》」と言うけれども、誰《だれ》も「年老いたい」とは思っていないのに、年は取っていきます。誰も病気など望んでいないし、「病気になりたい」などと思う人は誰もいないのに、病気になってしまいます。「死にたい」と思う人は誰もいないのに、死ななければいけません。

こういうふうに、自分でさえ、もういちばん愛おしくて、いちばん「これこそが」と思う自分でさえ、自分自身のものにならない。自分のものではない。自由にならないのです。自分の思わないようにいってしまいます。

ましてや、他人《たにん》は当然ですし、この世のなか、世界も全部そうです。すべてが移ろいゆき、「無常」です。何一つ、ずっと常なるものはないのです。「そのままというものは何もないですよ。全部、過ぎ去っていくものですよ」ということです。

そういう真実を知ったら、「執着《しゅうちゃく》というものが、どれほど自分を苦しめているか」ということに考えが至るはずです。この世の苦しみというのは、ほとんどすべて執着から生まれています。

その執着はいったい何から出ているかというと、「自分」、あるいは「自分のもの」というところから出ているのです。

それも、執着する対象も全部、この世のものです。他人とか、あるいは、建物だとか、お金だとか、地位だとか、いろいろなものがありますが、みなが欲《ほ》しがるものは全部、この世限りのもので、そして、常なるものはないのです。ずっと続くようなものは何一つないのです。

そのように、何一つ常なるものはない、移ろいゆくこの世限りのものに、この世限りの自分が執着している。それが、すべての苦しみのもとです。

「愛欲《あいよく》」といったって、どれほど美しい女性だと思っていても、オードリー・ヘップバーンの年を取った姿が画面に現れてきたら、やはり「ウッ」と言ってしまうでしょう。しかし、それを止める手立ては何一つないのです。やはり、そうなって死んでいくわけです。そういうもので、相撲《すもう》取りだって、あんなに太って力強そうですが、やがて年を取っていって、コロッと死ぬのです。

そのように、すべて無常なものなのです。そういうはかない自分が、はかないものに対して執着を燃やして、そして、苦しみをつくっているのです。「それがいかにバカなことか気づきなさいよ」というのが「諸行無常」の教えです。要するに、執着を断《た》つ教えです。

「諸法無我」とは何を教えているのか

「諸法無我」というのは何かというと、もうちょっと、この世とあの世の関係を説明するのが「諸法無我」の教えなのです。

「空《くう》」の説明でも少ししましたが、結局はどういうことかというと、「この世は仮の世界で、あの世こそが本当の世界なんですよ。霊界《れいかい》こそが本当の世界なんですよ。この世というのは『物質界』といって、かりそめの世界なんですよ。こういうかりそめの世界に、みんな今生きているんですよ。これは、ある意味では幻《まぼろし》の世界なんですよ。本当の世界はあの世にあるんですよ。だから、この世というものは全部『空』なんですよ」と、このような説明をするわけです。

これを「諸法無我」といいますが、この諸法の「法」とは、「すべての物事《ものごと》」「諸々《もろもろ》の物事」というぐらいの意味なのです。「法」という言葉には、「教え」という意味と「存在」という意味があるのですが、この場合には「存在」という程度の意味なのです。

「諸法は無我である。すべての存在は無我である」というのは、「本当は確固たるものではない。この世に仮に現れているように見えるけれども、霊的存在だけが本当のもので、この世に現れているものは実体はないんだよ」という教えなのです。

「諸行無常」と「諸法無我」は、本当は同じこと

ですから、「諸行無常」と「諸法無我」には似ているところももちろんあって、本当は同じことなのです。本当は同じことなのですが、「この世の移り変わり、移ろいゆくもの、はかないもの」ということを中心に言えば、「諸行無常」ということになるのです。

要するに、「病気になりますよ。年を取って死んでいきますよ」ということに重点を置いて言うと、「諸行無常」になっていくわけです。「きれいな彼女も化《ば》けますよ」というのが「諸行無常」です。

一方、「きれいな彼女も死んであの世へ還《かえ》ったら、霊になって自由自在なのですよ。それが本当の姿、本当の世界なのですよ。年を取ったから、もう夢も希望もないかと思ったら、そうではありませんよ。あの世へ行けば、自由自在の世界

が待っていますよ」と、これが「諸法無我」の教えに近いわけです。

簡単に言うとすると、このように「霊界とこの世の関係」で言えばいいのですが、もっと複雑に言えば、いろいろな説明はあります。月刊誌の「無我とは何か」という講義や、「空と縁起《えんぎ》」という巻頭のスペシャル・メッセージも書いていますので、そちらを勉強していただければ、もう少し勉強が進むと思います（現在、「無我とは何か」「空と縁起」は『悟りの挑戦《ちょうせん》（上巻）』所収）。

『悟りの挑戦（上巻）』
（幸福の科学出版刊）

第3章

心を磨《みが》く反省のポイント

1　反省の基本的な方法について

Q1

「八正道《はっしょうどう》」(注)の反省をする場合、各項目《こうもく》にかける時間の割り振《ふ》り方に理想的なパターンはあるのでしょうか。また、その時間の割り振り方は、悟《さと》りの境地や高さによって変わってくるのでしょうか。

中部特別セミナー「平静心」
一九八九年十一月二十五日　愛知県・一宮《いちのみや》市民会館にて

まず一週間ぐらいかけてやるべき反省とは

もちろん、反省は一生終わらないことであると思うので、それぞれの人のレベルに応じたやり方はあると思います。

まずは、今まで、「自分の人生を振《ふ》り返る」とか、「人生の軌道《きどう》修正をしなければならない」とか、そういうことを考えたこともなく来た人が、ほとんどであると思うんですね。

そうした人は、私の本を読んだり、あるいは講演会に来たりしたきっかけがあったら、それを一つの契機《けいき》として、できれば一週間ぐらいかけて、自分の過去というものを振り返っていただきたいのです。

自分の過去を振り返る内容は、もちろん、「心の思い」と「行《おこな》ったこと」の二点に集約されていきます。そして、結局、「思い」というのは必ず外に現れてきていますから、「行動」を点検するということが簡単なやり方でありましょう。

その行動の点検の仕方としては、「他の人とのかかわり合い」のなかにおいて見ていけば、だいたい分かるわけです。自分がやったことというのは、ほかの人との関係のなかで必ず出てくるわけですから、それを見ればよいのです。

そして、振り返る際にいちばん大事なのは、「過去何十年かの自分の魂修行《たましいしゅぎょう》にとって、いちばん大切であった人は誰《だれ》だろうか」ということを考えて、その人から始めていくことです。すべてをやっていくのは難しいでしょうから、「いちばん大切だった方は誰だろうか」と考えるのです。

自分の魂にとって、いちばん大事なのが母親だったなら、まず母親から始めていけばよいのです。父親なら、父親からやっていけばよいのです。きょうだいなら、きょうだいからでよいでしょう。

そういうふうに、「自分の人生にいちばん大きく影響《えいきょう》を与《あた》えた」と思う人のところから反省を始めていただきたいのです。そして、「その次ぐらい」と思う人のところ、というふうに順番にやっていきます。大きなところは、数人でだいたい終わってくると思うのです。

あとは、特殊《とくしゅ》な場合があります。「人生の一時期かかわった人で、その人との間に葛藤《かっとう》をつくったり、苦しみをつくったりしたことがある」という、そういう特殊な人の場合は、「その時間」「その時」に絞《しぼ》って考えていけばよいのです。

こういうことを、だいたい一週間ぐらいやっていただきたいと思います。土日の時間があるときに、できれば、たっぷりと一日ぐらい時間を取って、ご飯《はん》を食べるとき以外は家族とも話をしないで、じっくりと振り返るのです。あとは、普《ふ》通《つう》の日にちょっとずつ思い出していって、土曜か日曜には、たっぷりと一日取って、振り返っていただきたいのです。

その、過去の自分を振り返ったときに、本当に、「与えられることが多くて、自分からしてあげたことというのはほとんどない」ということに、たぶん気づくはずなのです。このときに、涙《なみだ》が流れてくるはずです。この段階が、まず最初の段階であると思うのです。

もちろん、こうした反省は、ときどき、折に触《ふ》れてやっていただきたいのです。

忘れたころに、半年でも一年でも二年でもいいですけれども、折に触れて、「過去全体を見渡《みわた》す」という反省はやっていただきたいのです。

毎日毎日の点検の指針

いったん、こういう大きな反省を終えたなら、あとは、毎日毎日の反省をやっていくのが修行にとってはよいでしょう。毎日毎日の点検で、「その日のことは、だいたいその日で終わる」というかたちにしておきます。

このやり方で八正道の「正見《しょうけん》」「正思《しょうし》」「正語《しょうご》」というふうにやっていくのが難しければ、今日の話「平静心」（『大川隆法　初期重要講演集　ベストセレクション③』所収）を材料にしていただきたいのです。

一日が終わったときに振り返ってみて、「今日、心が

『大川隆法　初期重要講演集　ベストセレクション③』（幸福の科学出版刊）

乱れたときはどこであったか」ということを点検していただきたいのです。「心が乱れたときはどこだったか。心が揺《ゆ》れたときは、どこの段階だったか」を見ていただきたいのです。

そして、「ここで心が乱れたな、（心の）湖面にさざ波が立ったな」と思うところが分かったら、「それはなぜだろうか」ということを考えていただきたいのです。

なぜ、そうなったのか。必ず原因があるはずです。その原因は、どこにあったのか。自分の言葉か、相手の言葉か、あるいは、それ以外の何かの事情であったのか、その原因を追究していただきたいのです。

原因が分かって、もしそれが自分の側の間違《まちが》いであったならば、その間違いはその日のうちに修正しておくことです。相手がいるならば、素直《すなお》にそのことを認め、相手に伝えることも大事ですし、相手がいなくてできない場合には、心のなかでお詫《わ》びをしておくことです。これで、一つ終わるわけです。

この「原因の探究」、そして「結果の修正」ということをやっていることが、もうそのまま「八正道」になっていくのです。分類にあまりとらわれすぎる必要はありません。「なぜそうなったか」という原因の探究をして、そして、結果を検証していく。間違っていたら、「今後、こういうことはしないようにしよう」と思う。この段階でだいたいよいわけです。

これが進んでくると、いろいろと分析《ぶんせき》的に見ることもできるでしょうが、まずやってほしいことは、今言ったように、いったん、過去をずっと振り返って大きな反省をすることです。

そうしたら、あとは「毎日毎日、心が乱れたときはどこであったか、そこを追究して、その部分について考えてみる」という習慣だけで、十分、普通の方はやっていけると思います。

反省と「正しき心の探究」の関係について

当会の講師などになって人を導く場合には、もちろんこのくらいでは足りないようになるでしょう。

もっともっと、いろいろなことを知らなくてはいけないし、いろいろな方法を知らなくてはいけないし、「人が、なぜ悩《なや》んだり間違ったりするのか」ということも分からなくてはいけないので、もっともっと勉強しなければいけませんが、この反省も、「人間とは何であるのか。人生とは何であるのか。人の生き方はどうあるべきであるのか」ということを学べば学ぶほど、当然ながら深くなっていきます。

ですから、あくまでも、「その勉強ができている時点での自己点検」にしかすぎないわけで、やはり、「もっともっと奥《おく》がある」ということだけは忘れてはなりません。それゆえに、一生続く問題になるわけですね。

そして、こういう状態を続けていくことが、「正しき心の探究」ということになるわけです。

「正しき心の探究」というのは、幸福の科学が掲《かか》げている〝看板〟の一つです。幸福の科学の会員になるということは、「正しき心の探究をやっていくぞ」ということを意味しているわけです。会員になるということは、「正しき心の探究をしていくぞ。自分の間違いがあったら正していくぞ」ということなのです。

もちろん、正しき心を維持《いじ》していることが、会員の条件では必ずしもありません。それは、心乱れたり間違ったりすることもありますから、いちいちはできませんが、少なくとも、「探究の姿勢を失わない」という気持ちでやっていくことです。

ですから、「正しき心の探究」というのは、「反省」をもう少し分かりやすく言い表したものでもあるかもしれません。

（注）八正道《はっしょうどう》……仏陀《ぶっだ》が説いた、苦《く》を取り除き、中道《ちゅうどう》に入《い》るための八つの正しい反省法。「正見《しょうけん》」「正思《しょうし》」「正語《しょうご》」「正業《しょうごう》」「正命《しょうみょう》」「正精進《しょうしょうじん》」「正念《しょうねん》」「正定《しょうじょう》」の八項《こう》目《もく》を点検する。『太陽の法』『真説《しんせつ》・八正道』（共に幸福の科学出版刊）等参照。

2 反省ができたかどうかの確認方法

Q2

反省には、「ゴミ取りの段階」「磨《みが》きの段階」というように段階があると思うのですが、「反省ができたかどうか」について、初心者にも分かりやすい確認方法がありましたらお教えください。よろしくお願いします。

反省法セミナー「真説《しんせつ》・八正道《はっしょうどう》」――序論・正見《しょうけん》・正語《しょうご》――
一九八九年一月七日　東京都・幸福の科学研修ホール（西荻窪《にしおぎくぼ》）にて

反省ができたと言える第一段階の基準

はい、分かりました。

もちろん、道のりはそうとう先までございまして、やはり、反省もだんだん段階で分かれてこざるをえないのです。

今、反省の段階としては初級・中級・上級と分けておらず、真理の学習度だけで分けていますが、実際にこういう研修などが始まると、次には、次第《しだい》に反省のレベル順が出てくるのです。初級の反省をまだやる必要がある人、中級に行く人、上級に進む人と、だんだん高度になってきます。おっしゃるように進化していきます。難しいです。

ただ、まず初心者レベル、「反省などしたこともない」という人、これが最初のターゲットです。こうした人たちに反省をしてもらうことが最初です。そのための基準には簡単なものがあるのです。

それは何かというと、今、観察していると、（反省法を実修して）涙《なみだ》を流している方がずいぶんいましたが、「涙が流れて、そして心の深いところまで揺《ゆ》さぶりが来る段階」は、少なくとも〝ゴミ取り〟に成功しているのです。

まず、魂《たましい》の深いところまで揺さぶりが来なければ駄目《だめ》です。表面だけで考えているうちは駄目で、涙が流れたり、あるいは顔が紅潮してきたり、いろいろあると思いますが、やはり、肉体のなかに魂というものがあって、それが揺さぶられているという感じがしてきたら、第一段階の部分はできているんですね。

もちろん、それも、日がたてば駄目になる場合もあります。また出てくることがありますが、「その対象について、今、具体的に思っていることに関して、涙が流れている」というところが、〝そのゴミが流されている〟ところです。

そういう感動を伴《ともな》わない反省は、まだ終わっているとは言えないのです。理知的にだけはできないのです。魂が揺さぶられる経験をしてください。

私も「霊的《れいてき》目覚め」のときには、涙が止まりませんでした。何日も、涙が出て出て止まりませんでした。これはまことに不思議な感覚なのですが、その涙を流しているときに、やはり「許されていく」という感じを受けましたし、「浄化《じょうか》されていきつつある」という気持ちがありました。涙が流れます。不思議なものですが、こういうものがあるんですね。

涙は悲しいときだけに流れるのではないのです。これは「法の喜び」です。「法の喜び」、あるいは「甘露《かんろ》の法雨《ほうう》」ともいいますが、「法雨」なのです。「法の涙」というのです。法に接して魂が揺さぶられたときに、塵《ちり》や垢《あか》を流す涙というものが出ます。

そうしたものが出ているときが、まず、〝ゴミが落ちているとき〟だと思ってください。もちろん涙だけではありませんが、「深く魂が揺さぶられている」「胸が高鳴る」「胸が揺さぶられている」という思いをしたときに、反省に入っていると思ってください。初級の反省としては、それで結構です。

上級になってくると、もっといろいろな面が出てきます。それは、いろいろな人を生かしていかなければいけないからです。指導していかなければいけないし、多くの責任を伴うので、上級レベルの反省をしなければいけない人は、責任の多い人です。多くの人の人生に責任を持っている人は、反省も難しくなってきます。高度なものが要求されるのです。

ただ、初心者としては、それで結構です。

素直《すなお》になり、「赤子《あかご》の心」になることの大切さ

全然、感動を伴わないで、理知的にだけしか見えない人は、やはりどこかで塞《ふさ》いでいるのです。霊的な部分が、何かで塞がれています。「それが何か」というふうに考えてみる必要があります。

「反省しても、全然涙も出ないし、魂の揺さぶりも何も感じないし、ただ考えただけだった。ボーッと見ていただけだった。反省に入ろうとしても全然入れない」という人、これは、どこかで「塞ぎ」があります。「蓋《ふた》をしているもの」が

あるのです。その蓋がいったい何であるかを発見してください。

その蓋のなかの一つによくあるものとして、「学問的知性」というものもあります。「学問的知性にあまり走りすぎた人」は無感動になっていくんですね。そして、その知の部分で〝飾《かざ》り〟をつくっていくために、深く入れないのです。素《す》直《なお》な喜びや、素直な悲しみや、単純な、そうした「真心」のようなものが分からなくなっていくのです。こういう人がいます。

ですから、あまり勉強しすぎた人もなかなか難しいのです。この殻《から》を割らないと反省ができません。

もう一つは、やはり「社会的地位があったり、立場があったりして、そうとうプライドが高くなっているタイプの人」です。こういう人は、このプライドの部分が〝お面〟のようになってきているのです。顔に二重三重になって、お面のようになって厚くなっていて、これが剝《は》がれないと反省ができないのです。

素顔を出さないと、素顔にならないと、反省はできないんですね。反省していても素顔になれないのです。自分の、そうした外面的なものにどうしても心がとらわれて、これが捨てられない。捨てられない人は反省ができないのです。

ですから、「赤子《あかご》」といいますが、反省のときには、もう赤ん坊《あかぼう》のようにならなければ駄目です。全部、取らなければ駄目です。周りの人を見て、「俺《おれ》みたいな立場の人はいない」などと思っているようでは、絶対に反省できません。素直にならなければ駄目ですね。「赤子の心」です。

だから、面を被《かぶ》っている人は面を取りなさい。これを取らなければ駄目です。

反省への恐怖心《きょうふしん》を克服《こくふく》するには

それ以外に、実は、「意図的に反省を拒否《きょひ》する人」がいるのです。しようと思っていても、反省を拒否している人がいるのです。

これは、実は、「潜在意識下《せんざいいしき》で、思い出したくないと抵抗《ていこう》している人」がいるのです。思い出すことによって昔の嫌《いや》なものが出てくるので、思い出せないのです。どうしても思い出せない人がいるのです。そこにそれが〝埋葬《まいそう》〟されてしまって、どうしても出てこないんですね。

これはかなりの「抑圧《よくあつ》」です。心理的に抑圧がそうとうあります。この部分、蓋をしている部分を、もう一度、客観的に見ていく必要があります。

なぜ、そこを、もう思い出したくないのか。

それは、「恐《おそ》れている」のです。何かを恐れている。自分が自分でなくなる。自分がかろうじて持っている自信というものが崩《くず》れてしまいそうな気がして、「それについて、もう触《ふ》れたくない、思い出したくない」という部分があるんですね。

これについては、非常に難しいところがあります。それを思い出しただけで、

「もう人間として生きていられない」というような気持ちがあって、ここの部分をどうしても避《さ》けたいのです。

ただ、これは勇気を持って対決していかねばなりません。なぜなら、みなさんには守護霊《しゅごれい》や指導霊がついているのだから、そうした人たちが見てくれているのだから、勇気を持って、この〝棺桶《かんおけ》の蓋〟を開けなければいけない。そこに、〝死んでいる自分自身〟があるはずだ。棺桶の蓋を開けて見なければいけない。見て、どうなるか。

恐怖心《きょうふしん》を去るいちばんの方法は、恐怖と真正面から対決することです。自分がいちばん恐れているものと対決することです。これが大事です。

恐怖心は、逃《に》げても逃げても追いかけてくるのです、いつまでたっても。「それを忘れよう」「思い出すまい」「それに会うまい」と思って逃げていると、いつまでも来ます。

これを克服《こくふく》する方法は、もう真っ向から対決することです。意外に、〝棺桶の蓋〟を取ってみたら大したことはないかもしれません。自分の死体だと思ったら、蠟人形《ろうにんぎょう》かもしれない。大したことではないかもしれない。石ころが一つ入っているだけかもしれない。

この恐怖の部分と、やはり対決しなければいけません。

反省ができない人のカテゴリーの一つには、「恐怖心が強い人」がいます。怖《こわ》いのです。とにかく恐怖心です。それを知ってしまったときに自分が自分でなくなる恐れがある、その〝何か〟を恐れているのです。真実の自分を知るのが怖いという人がいるのです。真実の自分を知りたくないのです。

知りたくなくて、〝ぬるま湯〟のなかにいたいのです。ぬるま湯のなかに、いつまでもいたいのです。「出ろ」と言っても出ないのです。反省というのは、やはり、ぬるま湯から出なければ駄目なのですが、出ないのです。出たくないのです。〝頑張《がんば》って〟いるのです。怖いのです。〝風邪《かぜ》をひく〟のが怖くて出られないのです。

この恐怖心と、勇気を持って対決しなければ駄目です。恐怖と戦ってこそ、恐怖心は消えるのです。

本当は、この世で怖いものなんか、そんなにないのです。思っているほど怖くないのです。世の中は自分を責めようとしているとか、非難しているとか、襲《おそ》いかかってくるとか、いろいろなことを思うでしょうが、怖くないのです。

上司が怖い、同僚《どうりょう》が怖い、悪人が怖い、あるいは親きょうだいが怖い、いろいろとあるでしょうが、本当は、裸《はだか》で当たったときには怖くないのです。その人の影《かげ》に怯《おび》えている、あるいは、ある事件の影に怯えているのです。そういうときには、〝裸の自分〟をさらすことです。やはり、裸で対決することです。素手で、裸で恐怖心と対決することです。

そして、どうなる。それがバレて、例えば、自分がそういうことをしたというこ
ことがバレて、それで、どうなる。あるいは、自分がその程度の人間だということが、誰《だれ》にも見られたくないという部分がバレて、どうなる。さあ、どうした。「それでゼロになるか。一文無《いちもんな》しになるか。自分の値打ちがゼロになるか」と考えたときに、ならないのです。

それを、〝飾《かざ》って、上げよう〟としているだけです。これは、もういったん全部取ってしまったらいい。裸になったらいい。ゼロからスタートしたらいい。

いっぱい持っているのです。持っているものは、ほかにもいっぱいあるのです。「これを取られたら、もう自分は終わりだ」と思っているかもしれないけれども、取ったって、まだ生きている。まだ生きているのです。まだ、いいところはいっぱいあるのです。発見していないだけです。

ですから、その恐怖心と戦わねばなりません。

みなさんのなかにもいるでしょうが、反省ができない人のなかには、恐怖心を持っている人が絶対にいるはずです。怖がっている。何かを怖がっている。本当の自分と対面するのを怖がっている。

これは戦わなければいけない。この部分と戦わなければいけないのです。怖くないのです。戦おうと思ったときに恐怖は消えていきます。そんなものです。ほとんど〝仮想の恐怖〟なのです。そうしたものなのです。

そういうふうに、まず反省ができないタイプの人は、戦わねばならない部分が幾《いく》つかあります。

そして、反省に入った場合には、「涙を流す」「胸が揺さぶられる」、そういう実体験をしたときに、〝第一段階のゴミ取り〟は、作業としては進んでいるというふうに考えていいのです。

3 「光明《こうみょう》思想」「常勝《じょうしょう》思考」と反省の関係について

Q3

今日のご講義「常勝《じょうしょう》の原点」(『常勝思考』〈幸福の科学出版刊〉所収)のなかで、マイナスのなかにあってもプラスを見いだす「常勝思考」という考え方をお教えいただいたのですが、もう一つ、「光明《こうみょう》思想」という考え方も、やはりプラスのほうを見るということでした。その違《ちが》いがよく分からないので、ご解説いただければ幸いです。

ウィークデーセミナーA「常勝思考」(1)「常勝の原点」
一九八九年六月二日　東京都・社会文化会館にて

「エゴイスト」や「小さな善人」が出てくる理由

はい、分かりました。

「光明思想」は非常にいい、力もある考え方なのですが、欠点があるとするならば、やはり、「反省のほうに心が向かない」ということだと思います。

本来、反省してもらわなければならない人というのはいるのです。反省してもらわなければならない人が、「反省をしないで、よいことだけを考える」というほうに行きますと、どういうふうになるでしょうか。

想像はつくと思いますが、「エゴイスト」（利己主義者）が出てくる傾向《けいこう》があるのです。エゴイストで、そうとう表面的なことしか考えない、そういう人が出てくる可能性があります。過去に何をして、どういう生き方をしていても、現在、どういう心境であっても、「ああ、そうだ。よくなるしかないのだ」などとやられたら、周りの人は、やはり、たまったものではないところがありますね。「そうではないでしょう」というところがあります。

ですから、当会は「反省が大事である」ということを言っています。

しかし、反省だけをやっていたのでは、今度は、足ることを知ったり、いろいろと執着《しゅうちゃく》を断《た》ったりしているうちに、だんだんだんだん〝しぼんで〟いって、塩をかけたナメクジのようになる人もいっぱい出てくるのです。「小さな善人タイプ」です。これは多いです。特に仏教系統に多いです。極《きわ》めて多いのです。

これに対して不満があります。あまり小さくなられたら、影響力《えいきょうりょく》が小さくなっていくのです。みな出家《しゅっけ》して、そして、小さくなって、山のなかに籠《こ》もって、じっと自分の心だけを見つめていたら、残念ながら世の中は全然変わらないのです。変えてほしいような人が、どんどんどんどん、いなくなっていくのです。これも困ります。

反省と発展をつなぐ理論とは何か

ですから、反省と発展というのは「幸福の原理」（愛・知・反省・発展）のなかに二つ入っていますけれども、反省から発展へつなぐ理論として、「常勝思考」というものを、今回、提示したのです。

これには反省が入っているのです。自分を深く見つめながら、絶えずプラスのほうへ持っていこうとする思想なのです。反省から発展に持っていくための架《か》け橋の部分が、常勝思考なのです。

これと「光明思想」との違いのところは、次回の第二回のセミナーで「光明転回の理論」を扱《あつか》う予定ですので、そこでも出てくると思います。

片方だけの片手落ちではない、両方をちゃんと睨《にら》んだ

常勝思考
人生に敗北などないのだ。
大川隆法
30年前にトランプ大統領の誕生を予言！
改版
スーパーロングセラー

『常勝思考』（幸福の科学出版刊）

上でプラスを生み出していく積極的な生き方が、この「常勝思考」という考え方なのです。これは、人間の極めて自然な、あるいは「中道《ちゅうどう》」に入った考え方であり、「中道からの発展」という考えとも一致《いっち》するのだということなのです。

まあ、四回聴《き》いてみてください（注）。そうしたら分かると思います。今日だけで終わらないで、この次も、その次も、その次も来てください。さすれば、きっと分かると思います。念頭に置いて話をします。

（注）当日の講義「常勝《じょうしょう》の原点」を含《ふく》む四回のウィークデーセミナーの講義は『常勝思考』（前掲《ぜんけい》）として書籍《しょせき》化されている。

4 他人《ひと》の気持ちが分からない人へのアドバイス

Q4

私には、相手の痛みや苦しみがなかなか分からないところがあります。例えば、「粗雑《ぞざつ》な言葉を吐《は》いて相手を傷つけた」ということにあとで気づいて、そのときは反省したつもりが、私自身は、他人《ひと》から同じような言葉を言われても気にならない性格のため、また同じことをしてしまうのです。

「他人の痛みが分からなければいけないということは、頭では分かるけれども、性格上はなかなか分からない」という場合、どうしたらよいでしょうか。

心と瞑想《めいそう》セミナー 第二回「満月瞑想」「止観《しかん》瞑想」

一九八九年三月二十五日 東京都・幸福の科学研修ホール（西荻窪《にしおぎくぼ》）にて

郵便はがき

料金受取人払郵便

赤坂局
承認

9654

差出有効期間
2023年3月
9日まで
(切手不要)

1 0 7 - 8 7 9 0

112

東京都港区赤坂2丁目10－8
幸福の科学出版(株)
愛読者アンケート係 行

ご購読ありがとうございました。
お手数ですが、今回ご購読いただいた書籍名をご記入ください。

書籍名		

フリガナ お名前	男・女	歳
ご住所 〒 都道府県		
お電話 (　　　) －		
ご職業 ①会社員 ②会社役員 ③経営者 ④公務員 ⑤教員・研究者 ⑥自営業 ⑦主婦 ⑧学生 ⑨パート・アルバイト ⑩他(　　　)		
弊社の新刊案内メールなどをお送りしてもよろしいですか? (はい・いいえ)		
e-mail アドレス		

愛読者プレゼント☆アンケート

ご購読ありがとうございました。
今後の参考とさせていただきますので、下記の質問にお答えください。
抽選で幸福の科学出版の書籍・雑誌をプレゼント致します。
（発表は発送をもってかえさせていただきます）

1 本書をどのようにお知りになりましたか？

① 新聞広告を見て ［新聞名：　　　　　　　　　　　　　］
② ネット広告を見て［ウェブサイト名：　　　　　　　　　］
③ 書店で見て　④ ネット書店で見て　⑤ 幸福の科学出版のウェブサイト
⑥ 人に勧められて　⑦ 幸福の科学の小冊子　⑧ 月刊「ザ・リバティ」
⑨ 月刊「アー・ユー・ハッピー？」　⑩ ラジオ番組「天使のモーニングコール」
⑪ その他（　　　　　　　　　　　　　　　　　　）

2 本書をお読みになったご感想をお書きください。

3 今後読みたいテーマなどがありましたら、お書きください。

ご感想を匿名にて広告等に掲載させていただくことがございます。ご記入いただきました個人情報については、同意なく他の目的で使用することはございません。

ご協力ありがとうございました！

他人《ひと》の気持ちに無神経になってしまう二つの理由

それはなぜかというと、自分のことに夢中になっているからなんですね。夢中になっているのです。

そして、その夢中のあり方が、いわゆる〝自己実現型の夢中〟なのです。ほかにもそういう方はいるでしょうが、自己実現型で、「とにかく、これをやらなければ」と思って夢中になっている人というのは、反省ができないのです。それどころではないわけです。

もちろん、その方向が正しければ、それはそれで善です。それは間違《まちが》いないことですが、そのまっしぐらに進んでいく途中《とちゅう》で、いろいろな人との摩擦《まさつ》はどうしても起きます。このことについて無神経でいられる部分があるわけですね。

そして、「他人《ひと》から聞いて、びっくりした」「ああ、そんなことがあったのか。

知らなかったなあ」というようなことになります。そういうことは私にもあったので、深く感じるところはあります。

そのように、無神経でいられる部分の理由は二つあるのです。

そのうちの一つは、「まだ、自分のなかに満たされていない部分がそうとうある」ということです。「満たされていない」というのはいい言葉で、もうちょっときつい言葉で言うと、やはり「傷ついた部分がある」ということです。

人から見られたら困るような部分が自分にあって、見返してやりたい気持ちがあるのです。そして、見返してやりたい気持ちがあると、どうしても、それが自己顕示《けんじ》型の活躍《かつやく》に出るのです。外側にどうしても出てしまって、自分の内を見たくないので外に出してくるのです。こういうかたちになります。

こうした性格の取り去り方は、「自信を持つこと」しかないのです。本当の意味の自信です。本当の自分、〝素肌《すはだ》〟というか〝裸《はだか》〟というか、〝裸で見せられる本当の自分〟というものに自信がないと、どうしてもそうなるのです。

その意味の〝飾《かざ》りを取ったときの自分〟に、まだ十分自信がないのではないでしょうか。そのなかには、幾《いく》つかの「劣等《れっとう》感」がたぶんあるはずです。そこに自信がないのです。その部分は、やはり消し込《こ》んでいくしかないですね。

劣等感のある部分は、小さくできるものなら努力して小さくしていき、それを埋《う》め合わせるものがほかにあれば、ほかの部分でちゃんと埋め合わせていって、そして、やはり見事な人格をつくっていくしかありません。

これが一つです。

それと、もう一つは、やはり「相手に分かってもらうという努力」ですね。「コミュニケーションの努力」が欠けている部分があると思うのです。

実際に、いいことをやろうとして前進しているときには、もちろん、それは素《す》晴《ば》らしいことなのですが、人には理解の程度、分かる程度が、やはりあるのです。

すぐストレートに分かる人と、中ぐらい分かる人と、全然分からない人とあるのですが、それが、やはり〝世間《せけん》〟というものなのです。世間はそうであって、自分がいいと思ったことをそのまま認めてくれるという人ばかりではないのです。環境《かんきょう》も違うし、教育も違うし、背景がみな違いますので、分からないのです。

それが、そういうふうに出るということは、「まだ、人が十分に見えていない」ということなのです。人が見えていないということは、「対機説法《たいきせっぽう》ができない」ということです。人が見えていないのです。

ですから、「人を見たら、『この人は、こういう人だな』ということが分かる」という訓練を、もっと積まなければいけないでしょう。

分かると、その人に合わせられるのです。「この人はこれが分からないだろうから、こういう説明の仕方をしようか」ということができるのですが、分からないと合わせられないので、自分のやり方しかできないのです。どうしてもやれません。これは、ワンマン型の人によくあるパターンなんですね。

人を分かろうとする努力、これはもっともっと観察しなければ駄目《だめ》なのです。

人間は、観察して、じっくり見ていると分かってくるのです。

「心のひだ」が分かる人になるためには

ですから、ちょっと関心が足りないのです。やはり、どうしても自分のほうに関心が向いているのです。もっと人に関心を向けなければいけません。

そうして、見ているうちにいろいろなところが分かってきます。その人のいろいろな行動の癖《くせ》とか、しぐさとか、ちょっとしたことを見ていて、「なぜかな」というところですね。〝変な習慣〟がある人がいますから、そうしたら、「なんでかな」と考えてみる。

例えば、「お客さんが入ってくると、とたんに忙《いそが》しそうに仕事をし始める社員」

というのは、どこにでもいるわけです。

そういうのを見ると、「何だ、あいつは。人が来たら仕事をしているように見せて、普段《ふだん》は全然やっていないじゃないか。外向きにばかりして」と、こう思うでしょう。

そうしたときに、「なぜ、そういう人は、お客さんが来たときに急に忙しそうにするのか。ここの心理が分かるか」というところなのです。

これは、「内部では認められていないけれども、せめて外の人ぐらいにはほめられてみたい」という気持ちがあるのです。「よくやっていますね」ぐらい言われてみたい。会社のなかでは「マイナス社員」というか「落ちこぼれ社員」になっているけれども、外の人からまでそう思われたくないから、外の人が来たときだけは、やはりパッと、やっているように見せるのです。

そういう微妙《びみょう》な「心のひだ」があるのです。

この部分が分からないと、「何だ、あいつ。二面性があって嫌《いや》なやつだな」と思って、ペタッとレッテルを貼《は》ってしまいます。

しかし、そのあたりが分かって、「ああ、俺《おれ》のほめ方が足りないんだな」と分かり、たまにいい仕事をしたらほめてあげると、次第《しだい》に、客が来ようが来まいが、仕事はあまり変わらなくなっていくのです。そんなものなのです。ですから、人が見えていないと合わせられないわけです。

一例を挙げました。そのような社員もいるのではないでしょうか。

そういうものですから、もっと関心を持って、相手に合わせる訓練をやってください。

劣等感の部分、これをもう隠《かく》さないで出せる自分になることと、もっと人に関心を寄せて、分かろうとする努力をすること、この二つをやってください。

5　感謝が大きくなり、反省が深まらない人へのアドバイス

Q5

反省をしていると「感謝」や「祈《いの》り」の思いが非常に大きくなってきて、「自分を見つめる」ということができなくなるときがあります。こういう状態のときはどうすればよいのでしょうか。アドバイスをお願いいたします。

一九九〇年 第一回特別セミナー「反省法講義」
一九九〇年二月二十五日　東京都・簡易保険ホールにて

反省が深まらない理由として考えられること

はい、分かりました。二通りの場合が考えられます。

第一種類のものの考え方は、あなたの魂《たましい》が過去世《かこぜ》において「他力門《たりきもん》」で修行《しゅぎょう》をしたということです。

そうすると、もう〝ありがたい世界〟にすぐに入っていくわけです。これが、魂の傾向性《けいこう》として考えられるわけです。そういうところに過去に二回ぐらい縁《えん》ができますと、だいたい、反省し始めるとすぐに〝ありがとうございますの世界〟に入っていって、阿弥陀《あみだ》様のほうに手が行くようになってきます。

これが一つです。

もう一つの世界については、多少、言葉を選ばなくてはいけませんが、〝甘《あま》い人生〟を生きているかもしれないですね。甘い人生を生きているというのは、「深刻に物事を受け止めないで生きている」ということです。

そういう人の場合には、掘《ほ》り下げがどうしても浅くなります。すぐに終わってしまうのです。「あっ、いけなかったな。ごめんね。じゃあ、また」という感じに、どうしてもなるのです。これは、それだけ〝幸福〟な魂といえばそれまでなのですが、ほかの人が考えるところまで考えないわけです。

それで済むのですから、それをあえて否定はしたくないのですが、「心のひだ」をもう少しつくっていく工夫《くふう》が必要でしょう。そのためには、深く物事を考える必要があります。

深く物事を考えるためにはどうしたらよいかということですが、例えば、書物等を深く読んで、思想を持つことが大事です。「自分なりの思想を持つこと」が大事です。

それと、もう一つは、「さまざまな体験をした人との語らい」というものを大事にすることです。自分が考えないようなことを考える人がいっぱいいますから、「なるほど、こういう見方があるんだな」ということが分かってくると、次第《しだい》しだいに、自分もそういうふうに深く見ることができるようになります。この努力が大事だということです。

一番目、二番目と述べましたが、おそらく両方とも当たっているはずです。

6　反省時の、表面意識と潜在《せんざい》意識の関係について

Q6　反省をしていると、「もう、本当にごめんなさい」と思っている、すごく感情的な自分と、そういう自分を見て「まだまだだな」と言っている、すごく理性的な自分があるのですけれども、その二つの心があるということは、まだ修行《しゅぎょう》が足りないということなのでしょうか。そのあたりについてお教えください。よろしくお願いいたします。

一九九〇年 第一回特別セミナー「反省法講義」
一九九〇年二月二十五日　東京都・簡易保険ホールにて

反省をしているときの潜在意識《せんざいいしき》の状態とは

複雑に言えば、いろいろな説明の仕方はあるのですけれども、簡単に言えば、「善我《ぜんが》」と「偽我《ぎが》」という有名な二分法《にぶんほう》があるわけです。

「ごめんなさい」と言っているのは、あなたの「偽我」のほう、すなわち過《あやま》ちを犯《おか》してきたあなたの心です。そして、それに対して「まだまだだ」と言っているのは、あなたの「善我」、あるいは「真我《しんが》」「真なる我《が》」のほうであるというふうに言っていいのです。

これは、言葉を換《か》えて言うと、「あなたの表面意識を、あなたの潜在《せんざい》意識が見ている」という言い方でもいいでしょう。あなたの表面意識のほうが罪を犯しているわけです。それに対して、潜在意識のほうが冷ややかに見ているわけです。

そして、これをもうちょっと突《つ》き詰《つ》めて言いますと、ある意味では、あなたの潜在意識すなわち守護霊《しゅごれい》が、「ようやく、おまえも反省できるようになったか」というかたちで見ていることがあるわけです。

「間違《まちが》いの多い人生を生きてきたな。しっかり泣きなさい。それが分かれば、ようやく一人前だ。いや、一人前の前のスタート点に立ったのだ。しっかり涙《なみだ》を流して、垢《あか》を落としなさい。それでこそ、私もまた言うことがあるのだ」と、こういうところですね。「守護霊が、あなたの現時点の心を指導している」というふうに言ってもよいでしょう。

反省が進むとできるようになる〝立体的反省〟

このように、本当に、私たちの心というのは一様ではないんですね。

本当は一様ではなくて、今ので二カ所、二つに分かれました。「反省しているあなた」と「それを指導しているあなた」がいたでしょう。

これがもう少し〝立体的〟になってくると、「魂《たましい》のきょうだいたち」がその姿を現すようになってくるのです。一人だけではありません。〝複数いる〟のです。私にも複数の魂のきょうだいがいて、それぞれがいろいろな意見を言います。「全部、私の意見だ」と思うと、頭が一瞬《いっしゅん》おかしくなるような気がするかもしれないけれども、深く考えてみると分かるわけです。そういう境地になってきます。「これも自分の考え、これも自分の考え、これも自分の考え」「なるほど、なるほど、なるほど」と考えていくと、「意図していることはこういうことであって、現時点においては、やはりこういう考えがいちばんいいのだ」という結論が出てきます。

こういう〝立体的な思考〟というのは、なかなかできないのです。本当はなかなかできないけれども、その出発点として、そのように二つに分かれるのです。「善我と偽我」「真我と偽我」、こういうふうに二つに分かれるわけです。

実は、心のなかにいろいろな傾向性《けいこう》を持った魂が住んでいて、もっと進んでいきますと、それらの傾向性に基《もと》づいた考え方というのを示してくれるようになるのです。

「あなたの前世《ぜんせ》の考え方から言えば、こういうふうなものの考えになるけれども、もう二代前の考え方からいくと、あなたなら、本当はこんなふうに考えるはずですよ」ということ、こういったことがいろいろと分かってくるようになります。そして、「時代の最先端《さいせんたん》にある現時点のあなたとしては、どういうふうに考え、行動するか」、これを出していかなければいけないんですね。

そのように、反省が非常に立体的になってくるのです。〝立体的反省〟があるのです。その前には、「イエスかノーか」という二分法的に考えてください。やがて、立体的反省ができるようになってくるはずです。

7 「知らずに犯《おか》した罪」はどう反省したらよいか

Q7 気づかないうちに相手を傷つけるなど、人間には知らず知らずに犯《おか》している罪が数多くあると思いますが、この反省方法について教えていただければと思います。

一九八九年 第一回講演会 第二部「幸福の科学とは何か」
一九八九年三月五日　東京都・渋谷《しぶや》公会堂にて

気づかずに罪を犯《おか》すことは極《きわ》めて多い

一般《いっぱん》的な反省ではなく、「気づかずに犯《おか》したことに関しての反省」は、そう簡単にできないのではないかということですね。はい、分かりました。

それは多いですよ。極《きわ》めて多いです。お互《たが》い様の部分がそうとうあります。

心理学では、（縦軸《たてじく》と横軸で区切った）マトリックスがあります。次元のように第一象限《しょうげん》、第二象限、第三象限、第四象限とあって、「他人《ひと》は気づいているけれども、自分は気づかない部分」、「自分も気づいているし、他人も気づいている部分」、「自分は気づいているけれども、他人が気づかない部分」、「自分も他人も気づかない部分」という四つがあるのです。これが、人間の考え方や行動についての見解なのです。四

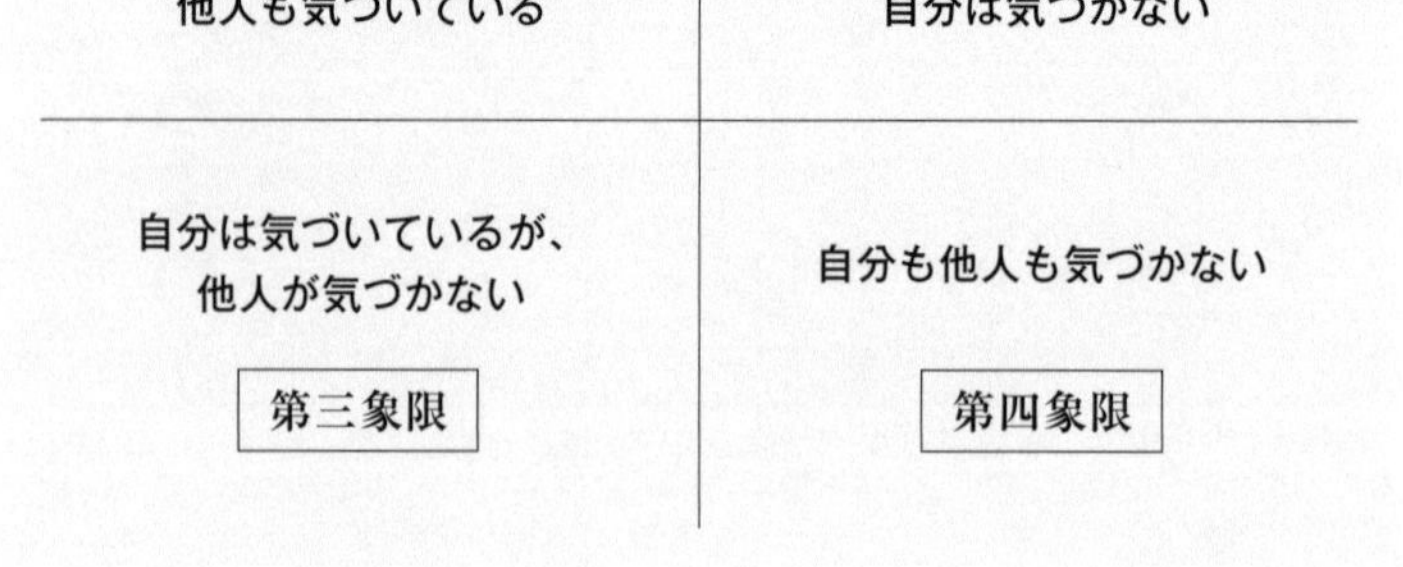
第二象限
自分も気づいているし、
他人も気づいている
第一象限
他人は気づいているが、
自分は気づかない
自分は気づいているが、
他人が気づかない
第三象限
自分も他人も気づかない
第四象限

種類あるのです。これは、どの方に対しても当てはまることなのです。

この会場にいるみなさんもそうです。「自分は気づいていて、他人が気づかないこと」「他人は気づいているのに、自分は気づかないこと」「両方気づいていること」「両方とも気づかないこと」、これらを四つとも、必ず各人が持っているんですね。人間とはそういう存在だと思わなければいけません。

そして、「気づかずに犯している部分について反省ができるかどうか」ということですが、原則は、気づいていなければ反省はできないのです。

ところが、この「気づいていないから反省ができないのではないか」という質問は、極めて異質なというか、珍《めずら》しい質問のようにも思えるけれども、実際はこれが〝主流〟なのです。

たいていの場合、私たちは、そんなに悪いことをしたとは思わずに生きています。他人にそんなに悪いことをしたと思っていないのです。だから、機嫌《きげん》よく生きてきて、例えば、今のように、機嫌よく座《すわ》って話を聴《き》いていられるのです。他人に対して行《おこな》って傷つけたことを自分で知っていたら、もう苦しくて苦しくて、本当はやっていられないのです。適当に気がついていないから、それなりにやっていけるのです。

ですから、これは、反省論を説くときにも「当然ある前提」として考えざるをえません。

当然ある前提として、自分では気づかない部分があるとしたなら、「では、これをどうするか」ということですが、この部分については、次のように考えていただきたいのです。

一番目は、先ほどマトリックスの話をしましたが、「人間というのは、だいたいそういう存在なのだ」ということです。これを、まず知らなければいけません。自分だけではない。自分だけ特殊《とくしゅ》なのではない。みなもそうなのです。「見えるところ」と「見えないところ」があるのです。

目は、前が見えても後ろは見えません。そういうことです。同じように、心の目も、見えるところと見えないところがあるのです。お互いに、それぞれ分かる領域と分からない領域があるのです。

まず、「人間というのはそういう存在だ」ということを前提にすることです。

これは、自分自身に対してもそうだし、他人《たにん》に対して考えるときもそうです。他人《ひと》を見て、「あいつはこんなことも気づいていない」と怒《おこ》っているが、自分自身も、他人が気づいているのに自分が気づいていないことが必ずあるのです。これを認めること、「人間とはそういう存在だ」ということを認めることが、許しの第一歩になるのです。

「私は完璧《かんぺき》で全部分かり切っているのに、あいつは私が気に入っていないことが分かっていない」と思っていると、いじめとか、いびりとかになります。本当はそうではなくて、みな同じなのです。これを前提として知ってください。

「反省」と「利他《りた》の行為《こうい》」の関係について

それから、二番目として、「では、気づかないなら反省はできないじゃないか。どうしたらいいか」ということですが、結局、利他《りた》の行為《こうい》というのは、一つにはこの〝穴埋《あなう》め〟のためにあるのです。

愛他《あいた》の行為、人のためになるような行為をしなさいというのは、実はこの〝穴埋め〟のところもあるのです。

人間は結局、自も他も分かっているところは四分の一ぐらいしかなく、あとの部分はどこか不揃《ふぞろ》いなのです。どこか欠けているのです。こういうところを埋め合わせるためにも、利他の行為があるのです。

いろいろなところで自分のせいで泣いた人がいる。苦しんだ人がいる。そして、そういう人が現にいたということは、そういうところをスコップで掘《ほ》ったのと一緒《いっしょ》です。〝穴をえぐって〟きたのです。

こういう人が多いと、世間《せけん》全体が〝穴掘り〟になっているわけです。いろいろなところでえぐれているわけです。これではいけないのです。今度は〝スコップで土を入れて埋めていく作業〟をしなければいけません。

この埋めていく作業は、自分が掘った穴とは違《ちが》うかもしれません。他の人が掘った穴かもしれません。しかし、こういう埋めていく人がいて初めて、土地というのは平らになってくるのです。

必ずしも自分が掘った穴ではないけれども、これは、気づかないからしかたがないのです。他人《ひと》が掘った穴であっても、そこのところを埋めていく。こういう作業をみながやり始めたら、やがて平らになってくるのです。

そういうことで、自分では気づかずにいろいろなことをやっていると思うなら、その分だけ、世間に対し、人々に対し、お返しをしていくことです。

そういう利他行《ぎょう》を積んでいるうちに、やがて、「気づかなかった」と思う自分の所業がもっと明らかに見えてきます。ちょっと高いところに上がってくると、いろいろなことがまた分かってくるのです。

これは、反省論一般にも言えることです。反省ばかり十年やってきたという人に会っても、今度は自分の内ばかりしか見ていない人もいます。「なさざる罪」というものがあることを知らないのです。「自分がなした罪」ばかりを反省している。「こういうことをした」「ああいうことをした」「悪いことをした」と、一生懸命《いっしょうけんめい》に反省している。しかし、「なさざる罪」については反省していないのです。なさざる罪について反省し始めたら、きりがないのです。「人間として生きていて、なさなかった罪」というのを反省してごらんなさい。いくらでも時間はあったのです。いくらでもチャンスはあったのです。そのときに、何かいいことをしようと思ったらできた。愛の行為をしようと思ったらできた。「しかし、やらなかった自分」というのを反省していったら、これはもう膨大《ぼうだい》です。そうですね。

ですから、ご質問の反省は、「なさざる罪の反省」とも一緒になると思います。それは、気がついた時点がスタート点だということです。「なさざる罪に対しての反省は、感謝・報恩《ほうおん》しかないのだ」ということで、やっていくことです。みなさんに生かされている部分について感謝し、報恩していくことです。

このようにいきましょう。これは私も同じです。気がついていないことはいっぱいあると思います。だからこそ、今、一生懸命〝大きなスコップで掘って〟いるのです。これは墓穴《はかあな》を掘っているのではありません。みなさんにお返ししたくて掘っているのです。そういうことです。

8 「知の門」と「反省の門」の違《ちが》いについて

Q8 「知の発展段階」（注1）に関しまして、第一段階の「知的格闘《かくとう》」から第二段階の「不動の知」に入るあたりについては、次元と関連させて考えてよいのでしょうか。

また、真理の「探究・学習・伝道」ということを、例えば、「声聞《しょうもん》、縁覚《えんがく》、阿《あ》羅《ら》漢《かん》」（注2）と、一つの段階論で考えてよいのかどうか、このあたりがリンクするのかについて教えていただければと思います。

支部長集中法研修「『ユートピアの原理』講義」

一九九一年七月二十七日　埼玉《さいたま》県・ホテル・ヘリテイジにて

「知の発展段階説」はあくまでも入り口の一つ

「知の発展段階説」のところについて、あまりいつもいつもは説かない理由は、やはり、魂《たましい》にある程度の傾向性《けいこう》があるからです。非常に「知性の光線」の影響《えいきょう》を受けている方というのはいて、そういう方にとっては、こういう段階がよく分かるのですが、九割ぐらいの人にはあまり縁がないことであるため、強くは言わないのです。

かえって回り道になることもあり、「いや、これから知を磨《みが》かなきゃいけない」ということで知の発展段階を一生懸命《いっしょうけんめい》にやって、「三十年かかった」などということになったら、「何も仕事ができなかった」ということもあります。やはり、一人ひとりの入り口の問題であり、「その人にとって入りやすい入り口がありますよ」ということです。

この「知の発展段階説」のようなものは、ある程度、インテリ仕事をやっている方、そういう職業をやっているような方だと入りやすいものの考え方です。自分がそれに相当するかどうかは、各自で判断してください。「縁が遠いな」と思ったら、もう「愛」でも「反省」でもいいので、ほかから入っていったほうが結論は早いところにあります。

ただ、この「知の発展段階」を言っているのは、今まで知的職業などに就《つ》いていたような人には「あまり宗教に関心がなかった」という人も多いので、そういう人たちに入り口を設《もう》けるという意味では、非常に大きな役割を持っているだろうというふうに思うからです。

これが一般《いっぱん》的な話です。

あとは、「声聞」だとか、「縁覚」だとか、「阿羅漢」だとかいろいろあり、それらとの関係はどうかということですが、用語として説明すると、「まったくス

トレートに同じものではない」と言ってよいでしょう。ストレートに同じもので
はありません。
「知の世界でも、〝腕力《わんりょく》〟でもってその滝《たき》を上《のぼ》っていけば、同じような高さにま
で、要するに高台《たかだい》までは上がれますよ」ということで、「どのへんまで行けば声
聞なのか、縁覚なのか」と言われても、これは同じようなものではないでしょう。
ただ、知的職業を目指していかれる人だったら、「非常に知の世界に憧《あこが》れる」
というような段階、そういう「探究心」を持っている段階というのがあるでしょ
うから、それが、仏教的には「菩提心《ぼだいしん》」に近いものだろうと思います。
そして、具体的に勉強をどんどん始めて、尊敬するような人の話や講義を聴《き》い
たりして勉強している段階、熱心に熱心に打ち込《こ》んでいるような段階になってく
ると、阿羅漢の前の段階といいましょうか、一生懸命に話を聴いている「声聞」
の段階かもしれません。あるいは、「縁覚」というのは、そういう知的世界で身

を立てようと決意する段階でしょう。

「知的世界で身を立てていこう」などと思ったら「縁覚」に近いかもしれないし、一生懸命、実際に講義を聴いたり、いろいろな勉強をしたりしていると「声聞」に近いかもしれません。そして、ある程度のところまで自分なりの確立ができて、いろいろなひらめきを受け、その世界で独《ひと》り立ちしていけるようになってきたら、仏教的に言えば「阿羅漢」の世界に近いのかもしれません。

ただ、これはもう、ごく限られた狭《せま》い世界での話であるので、一般的には使えません。

しかし、研究の道などに入って、そうした体験をされた方であるならば、そういう話を聴くと、「ああ、これがそうかな」という感じは、ある程度お分かりになるかもしれません。あくまでも入り口の一つであるということです。

「知の門」と「反省の門」のそれぞれの特徴《とくちょう》

大勢の人にとっての入り口としては、やはり、「反省の門」などがいちばん広いわけです。この門が、大勢の人が通れる門だろうと思います。「反省の門」が広い道です。入りやすい大きな門です。「ここから、大多数の方はどうぞ入ってください」ということです。

「知の門」というのは、言ってみたら〝裏門〟みたいなもので、普通《ふつう》の人にはあまり知られていないのです。〝独特の趣味《しゅみ》があって、森のなかを迷って入っていく人の門〟なので、そんなに大勢が通れる門ではないように思います。ですから、知の世界に入っていく方は、かえって反省ができない方も多いのです。

知の世界といいますか、知的職業の世界で探究している人でも、真理が分かる人というのは〝適度に頭が悪い〟必要があるように、私には思えるのです。

もしかしたら、（前職で）「間違《まちが》って学者になった」なんていう人も、幸福の科学の支部長にはいるかもしれませんが、「知の世界に入らなくても、ほかの世界にいそうな人」というのが間違って知的職業に就いた場合には、〝隙《すき》〟がちょっとあります。その〝隙〟の部分が、実は、「ほかの門から悟《さと》りに入っていける余《よ》裕《ゆう》」をつくっているのではないかと思います。

本格的に頭がよすぎる方の場合、非常に論理的な思考のなかにズーッと入っていくことがあり、いったんこのなかに入ってしまうと、もう出られなくなってきて、心の教えなどを読んでも反応が出ないのです。分からないのです。弾《はじ》いてしまうのです。完全に弾いてしまって、全然分からないのです。

ですから、言論人などで哲学者《てつがくしゃ》をやっているとか、あるいは、宗教学者でも、本当に宗教学を訓詁学《くんこがく》のようにやっているような人たちは、私の本を読んでも分からないのです。みなさんのほうが、よっぽど分かるのです。

読んでも弾いてしまうんですね。全部弾いてしまって、分からないのです。かわいそうだけれども、形式のところばかりやりすぎて、形式以外は本当に分からなくなってしまっているのです。気の毒と言えば気の毒です。

ですから、「知の門から入る場合には、けっこう遠回りすることもありますよ」ということです。それを一気に抜《ぬ》けてしまうためには、かなりの〝足腰《あしこし》の強さ〟が必要です。

ところが、現代人を見てみますと、情報量が多すぎるために、そう簡単に、足腰を強くして知の関門を透過《とうか》し、悟りの世界に入ることはできないように思います。そういうふうに入っていける方は、やはり天才といわれる方、あるいはそれに準ずるような方であって、「秀才《しゅうさい》レベルの頭であっては、知の関門を通っての悟りはなかなか難しいのではないかな」というふうに私は感じています。なまじの秀才では、この知の関門を通って悟りに入ることはできないのです。

秀才になるのでもなかなか大変な競争ですけれども、しかし、そんな秀才になるよりも、「反省の門」から入っていったら、わりに楽々と上がっていけるのです。坂が低いのです。もうちょっと緩《ゆる》やかな坂ですから、崖道《がけみち》、崖っぷちを上がるよりは、緩やかな坂から入っていったほうが入りやすいということです。

ですから、反省のほうを中心に説いております。

頭がよすぎる人の場合の注意点

〝適度に頭が悪い〟ということは、ありがたいことなんですね。感謝してください。神に感謝してください。「頭が悪いがゆえに、結論に早く到達《とうたつ》できる」というのは、これは素晴《すば》らしいことです。

〝頭が適度に悪い〟からこそ、結論を納得《なっとく》できてスッと受け入れられるのですが、よすぎた場合には、一つひとつ検証して針の先みたいなものでつついていきますから、何十年もかかってしまうのです。「百冊の本のすべてを見て、どこにも論理矛盾《むじゅん》がなく、どこにも一つも間違いがないことを確認しなければ会員になれない」とか、こういう方もいらっしゃるのですが、はるかに〝遠い〟のです。こういう方の救いへの道は遠いなというふうに、私は思います。

それよりも、もっとずっと頭がザッとしていて、「百冊のうち一冊でも、私が分かるものがあれば素晴らしい」なんて思うような方のほうが、やはり結論的には早いのです。

ですから、この世的には頭で測られることもよくありますが、「適度に悪いことも救いである」ということを、どうか知っておいてください。その分だけ、また別の道が開ける可能性があるのです。

頭のよすぎる人の場合、本当に頭のいい方は、当会のようなところに入って勉強をすると、もしかしたら〝最後〟のほうになるかもしれません。ですから、かわいそうだなというふうに思います。

いちばん最後になる、いちばん固いのはどこでしょうか。哲学者も固かろうけれども、もしかしたら、仏教学者あたりがいちばん固いかもしれません。訓詁学のように漢文を読んでいる方、「お釈迦《しゃか》様は漢文を朗読していた」と思うようなタイプの方ですね。これはもう、〝最後の最後〟かもしれません。

なかには、お坊《ぼう》さんでも、お経《きょう》を唱えていながら、「あの世？　そんなものはあるわけない」などと言っている人がいるので、こういう〝詐欺《さぎ》罪の人たち〟は、もう本当にどうしようもない可能性があります。お経を読んでいても意味が分かっておらず、〝仕事〟としてやっている人たちです。もしかしたら、もう〝最後の最後〟になるかもしれません。

そういうことも考えると、みなさん、本当によかったですね（会場笑）。「勉強ができていない」とか、「学習が遅《おく》れている」とか言われるということは、〝あなたがたは救いが近い〟という意味でもあるのです。少なくとも、そんなにスマートな頭ではないということを意味しているのでしょうから、それは、〝悟りへの道はかなり近いところまで来ている〟ということでもあるのです。

（注1）「知の発展段階」については、『幸福の科学の十大原理（下巻）』（幸福の科学出版刊）第1章「知の原理」参照。

（注2）「声聞《しょうもん》、縁覚《えんがく》、阿羅漢《あらかん》」……「声聞」は、仏陀《ぶっだ》の説教を聴《き》いている人。「縁覚」は、独《ひと》りで修行《しゅぎょう》をして、修行者として先生を目指している人。「阿羅漢」は、一通りの反省が終わって心の塵《ちり》や垢《あか》が落ち、後光《ごこう》が射《さ》し始める段階。『太陽の法』『八正道《はっしょうどう》の心』（前掲《ぜんけい》）等参照。

9　反省を通して信仰《しんこう》が深まっていく

Q9

私は大川隆法先生の講演会などにはよく参加しているのですが、まだ自分の信仰心《しんこうしん》が足りないように感じています。信仰心を深める方法を、反省ということを中心にお教えください。よろしくお願いいたします。

一九九〇年 第三回特別セミナー「反省法講義」（仏弟子《ぶつでし》の反省）
一九九〇年十月十四日　静岡《しずおか》県・静岡産業館にて

反省や瞑想《めいそう》等の修法《しゅうほう》を続けているとどうなるか

「信仰心を深めるための反省」といっても、結局、反省あるいは瞑想《めいそう》もそうだけれども、そういう修法《しゅうほう》をしていると、だんだん霊的《れいてき》になってくるのです。実際に霊的になってくるのです。

そして、続けているうちに、例えば、よくあるように、涙《なみだ》を流すような感動がありますバーッと涙が流れてきて、そして、泣いて泣いて感動するというようなことがあります。「法雨《ほうう》」が流れて、そういうふうになる。

こういうときに、「今までの自分とは全然違《ちが》う自分」を、そこに発見する。そういうことがあるし、あるときは「光を体に感じること」もあります。「暖かいものに包まれている感じ」が来たりすることがある。反省をしているうちに、そういう体験を重ねるようになってくるのです。

そのときに、私が紙の上に活字で書いていることが、単なる学校の教科書に書いてあるような知識ではなく、「自分にかかわり合いのあることなのだな」ということが、深く理解の底に落ちてくるようになってくるのです。

ですから、「信仰」といっても、それを活字だけで、言葉だけで頭に入れようとしたって入るものではなく、やはり実体験を深めるにつれて、だんだん、だんだん、それが確かなものになってくるのです。「信仰心」といっても、それが丸ごとスポッと入るわけではなく、やはり、それは、一年、二年、三年、四年、五年、十年、二十年するうちに深まっていくものだということなのです。

信仰心の発展段階だってあるでしょうけれども、信仰心については今年ぐらいから言い始めたのでまだ黙《だま》っているだけで（説法《せっぽう》当時）、〝深み〟は、やはり差があるのです。だんだん、それがはっきりするでしょう。

やはり「学習」と「経験」を積むことによって深まっていくもので、それは、もう〝自分だけの宝〟なのです。はっきり言って自分だけの宝で、「他の人が思っている信仰心と、自分の信仰心はどう違うか」というのは、これはもう自分の宝なのです。これは、ほかの人に説明ができない宝物でして、どこまでザクザクと宝を持っているか。それは、修法をすることによって、さまざまな霊的な感動を味わうときに、はっきりと分かってくるのです。

先ほどの「仏弟子の反省」の修法では、「合掌《がっしょう》して光を入れる」というようなことをやりました。幸福の科学の講師も、いろいろなところでときどきやっていますが、やはり、かたちは一緒《いっしょ》でも、霊的に見れば、光が入っている場合と入っていない場合がはっきりとあります。

こういうものが、実感として感じられるようになってくるのです。そのときに、今までに頭で理解していたものと違って、胸で、お腹《なか》で、理解が深くできるようになってきます。

CD「仏弟子の反省」（宗教法人幸福の科学刊）

「いぶし銀」のように〝底光《そこびか》り〟する信仰心とは

ですから、反省的観点からの信仰心といっても、実践《じっせん》のなかにあなたのつかみ取っていくものがあって、それが宝物そのものです。その境地は、「今、初めて幸福の科学の本を読んだばかり」というぐらいの人には絶対に分からないのです。その人が信仰心について読んで「ああ、そうだ」と思っても、分からないものがそこにあるのです。

言い換《か》えてみれば、「いぶし銀」のようなものです。「本当の信仰心」というものは〝底光《そこびか》り〟してくるものなのです。

底光りしてくるためには、知識が経験を通して、そして深いところで、ものになっていかなければいけないのです。「勉強して、初級・中級・上級などの試験に受かって講師になった」とかいうことで、例えば上級まで受かったとしても、本当は、まだまだそんなものではないのです。

知識的な理解ができてきても、これが本物になるには、やはり年数が要《い》るのです。そして、じわじわ、じわじわと、本当に底光りしてくるようにならねばなりません。

他の人があなたを見ても、「やはり、ちょっと何か違う」という感じがしなければいけないのです。「いったい何をあなたはやっているのだろうか。ちょっと何か違うなあ」という感じがしなければいけない。「どういうふうに違うのですか」と訊《き》いたら、「いぶし銀ではないけれども、何かじわっと光っているんだよね」という感じです。こういうことを言われるようにならねばなりません。

ただ上級に受かったばかりの人とか、全国仏法真理学検定試験《ぶっぽうしんりがく》でいい点を取ったばかりの人というのはキラキラとしていますけれども、まだ長持ちはしないのです。一時的にキラキラとしていますけれども、そんなものは長くはもたないものなのです。

やはり、じわーっとくるものが本物で、体験を重ねることが重要であるということです。

ですから、毎年毎年、「信仰心って何だろう」ということを、自分なりに捉《とら》えて深めていってみてください。

第4章

穏《おだ》やかな心をつくる瞑想《めいそう》のコツ

1 「瞑想《めいそう》中の呼吸」と「天上界《てんじょうかい》にいる人の瞑想」について

Q1

瞑想《めいそう》についてお伺《うかが》いします。瞑想している間の呼吸は、ずっと深呼吸のようなかたちにしていたほうがよいのでしょうか。

また、天上界《てんじょうかい》にいる人も、「心の修行《しゅぎょう》として瞑想をする」ということはあるのでしょうか。

心と瞑想セミナー 第三回「中道《ちゅうどう》瞑想」「足ることを知る瞑想」「対人関係調和の瞑想」
一九八九年四月八日 東京都・幸福の科学研修ホール（西荻窪《にしおぎくぼ》）にて

瞑想に入るときに深呼吸を行う意味

まず、深呼吸等は、ずっと続けていたら、もちろんそれが気になってほかのことができませんので、「瞑想に入る前に、まず調子を整える」ということで行《おこな》ってください。

あとは、静かに、気にならない程度にやっていかれたら結構です。自然に息が入って出るかたちです。あまりに意識しすぎると、そちらのほうに集中してしまうでしょう。

「息をするのは、口からでも鼻からでもよい」と私は言っていますが、それは、あまり意識しすぎるとそちらのほうに気が取られてしまって、肝心《かんじん》の瞑想ができなくなるからです。

人によっては、鼻で息をしている人も、口でしている人もいるのです。いつも口で息をしている人が鼻だけでやろうとして瞑想すると、もう、それだけが中心になって、鼻で息をすることしか考えていないのです。ほかに何も考えられないのです。逆に、鼻で息をしている人が口でやろうとすると、そちらにばかり夢中になってほかのことを考えられないので、「無理はするな」と言っているのです。それは、あくまでも外形ですから、「自然でよろしい」と言っています。ですから、ある程度、心の波が静まるまでは深呼吸をする。十回もすれば静まるのではないでしょうか。あとは自然でよいのです。口でも鼻でも、自然にやってください。それが一つです。

天上界ではどのようなときに瞑想を行うのか

それから、「天上界に瞑想があるのか」ということですが、あります。やはり、天上界の諸霊《しょれい》であっても、「充電《じゅうでん》の時間」というのがあるのです。

彼らも、例えば、地上の人を指導したり、あるいは、天上界の人同士で話などをしているうちに、いろいろと考えることがあるのです。自分の考えと違《ちが》う考えを発見したとき、あるいは、地上の人などを指導していてうまくいかないときは、やはりあるわけです。

そうしたときにどうしているかというと、やはり瞑想に近いことをやっていま す。独《ひと》りで振《ふ》り返りながら、神の光を受けて考えています。そういう状態になっ ています。指導霊たちは、やはり、独りになる時間を必ず持っています。他人《ひと》と いる時間もありますが、逆に、独りになる時間を必ず持っていて、そして充電し ています。

ですから、皮肉なのですが、「より多くの人に接して愛そう」と思っている人 であればあるほど、逆に〝孤独《こどく》の質〟が深くなってくるのです。「孤独の時間」 というものが必要になってきます。それは「神と対話する時間」でもありますが、 どうしてもそういう時間が、要するに、「充電の時間」「ガソリンを入れる時間」 が必要になってきます。極端《きょくたん》なのです。そこそこで満足している人は、そういう ものは要《い》らないのですが、極度に「放電」している人は、「充電」も必要になります。ですから、みなやっています。

だいたい、六次元光明界《こうみょうかい》の上段階ぐらいの人あたりから、瞑想はしています。それより下だと、あまりやっていないのです。ですから、〝神様〟になるあたり、〝神様の資格〟が出るあたりからは必須《ひっす》になってくるのです。

要するに、「自分というものを見つめる時間」を持っているのです。そういう人たち、優《すぐ》れたる人たちは、みな持っているのです。

ですから、幸福の科学の精舎《しょうじゃ》や支部等でちゃんと瞑想ができるということは、六次元光明界の上段階あたりには行けるかなというところなのです。よろしいでしょうか。もっと上まで行かれても結構ですが、そのあたりですから、頑張《がんば》ってください。

2 「満月瞑想《めいそう》」について

Q2

「満月瞑想《めいそう》」というものが非常に気になっています。仏陀《ぶっだ》のときの満月瞑想と幸福の科学のとは違《ちが》うと思うのですが、その違いについてご教示いただけるとありがたいです。

心と瞑想セミナー第二回「満月瞑想」「止観《しかん》瞑想」
一九八九年三月二十五日　東京都・幸福の科学研修ホール（西荻窪《にしおぎくぼ》）にて

仏陀の時代の満月瞑想と、現代の満月瞑想の特徴《とくちょう》について

はい、分かりました。

仏陀のときの満月瞑想は、「月が球体である」ということが分かっていなかっ

たので「平面」です。今の時代では、月が球体であることが分かっていますので、「球体の満月」の瞑想が可能です。

仏陀のときの満月瞑想は、球体ではありません。〝平面的〟な満月なのです。

イメージのやり方としては、やはり、空にかかっている満月をまずイメージする訓練をしまして、あとは、それを〝下ろして〟くるのです。スルスルと下ろしてきて、腹から胸にかけて、大きな三、四十センチぐらいのピカピカ光っている満月を〝入れる〟のです。こういうこともやっていました。

また、このやり方は、禅定《ぜんじょう》のなかだけで行《おこな》っていたのではありません。人と話をしていると、腹が立ったり、むしゃくしゃしたり、イライラしたりするときがありますが、そういうときに〝ブレーキ〟としてよく使っていたのです。

これは、仏陀が弟子《でし》たちに対して、一つの修法《しゅうほう》として教えていました。「坐《すわ》ってするものだけが瞑想ではない。立ち居振《ふ》る舞《ま》い、歩くなかにも瞑想はある」という「歩行禅」の始まりです。〝歩きながらの禅〟というものがありますが、その始まりと一緒《いっしょ》で、日々の生活のなかに瞑想はあるのです。

すなわち、「おまえの心が苛立《いらだ》ったときに、すぐに満月を描《えが》いてみよ。描けるか」ということです。腹が立ってきたときに満月を描こうと思ったら、もう怒《いか》りの言葉が出ません。憎《にく》しみの言葉、嫉妬《しっと》の言葉が出ないのです。

満月のほうに意識が行っているときにウワーッとなると、満月がグチャグチャと崩《くず》れて、三日月《みかづき》になったり揺《ゆ》れたりします。描けないのです。

ですから、満月を描こうとすると、その努力によって〝切り替《か》え〟になるのです。マイナス波動《はどう》、地獄《じごく》波動が切り替えられるのです。そして、天国波動に戻《もど》るのです。

このように、自己点検の方法としての「満月」も教えていました。坐って心を調和する方法、そして、実践《じっせん》のなかで満月を描く方法としては、自分が「危ないな」と思ったときに、「満月」と思うわけです。

それから、もう一つは、他人《ひと》から批判を受けたときです。仏陀は「忍辱《にんにく》」ということを教えていましたが、この忍辱のときに「満月」をよく使いました。「忍辱せよ」と言っても、どうしたらよいか分からないため、「他人から批判を受けたり、悪口を受けたりして、〝矢が飛んできた〟ときには、心のなかに静かに満月を描いて耐《た》えていなさい」、こういう教え方を仏陀はしていました。

それに対して、今の満月瞑想は、少し「悟《さと》り」のほうが入っているのです。「球体満月」のほうは悟りが入っていて、「人間・神の子の本質を瞑想のなかで知っていただく。本来の実相の姿を知っていただく」というところまで来ているわけで、満月瞑想としては一歩前進しています。

3　アルファ波の状態を保つには

Q3

「心の状態をアルファ波に変える」という機械があるらしいのですが、そうしたものを利用して心にアルファ波の状態を出すことは、人間の真の幸福や自己実現につながることなのでしょうか。

心と瞑想《めいそう》セミナー「精神統一の本義」
一九八八年十二月二十四日　東京都・幸福の科学研修ホール（西荻窪《にしおぎくぼ》）にて

アルファ波の状態を保つための二つの方法

どういう機械か分かりかねるので、一言《ひとこと》では言えないのですが、その「アルファ波」という状態があるのは事実です。「アルファ波」「ベータ波」「ガンマ波」

「シータ波」というものが、脳波か何かを調べると出ているのです。

禅僧《ぜんそう》が瞑想《めいそう》しているときの脳波を調べたら、アルファ波という、非常に乱れない波形のものが出ているのですが、心が乱れているときには、波形がギザギザになります。これは精神の安定と非常に関係があります。

私自身はそういうものを調べたことはないけれども、調べたら、おそらく一日二十四時間中、二十三時間何十何分ぐらいまでアルファ波だと思います。私はいつでも瞑想状態にあるわけなのです。

要するに、こういうふうに話をしていても瞑想状態にあるということは、実在界（天上界《てんじょうかい》）と心がツーツーになっているのです。通じないということはなく、通じるのに一秒かからないのです。ですから、「イエス・キリスト」と言ったら、イエスがターッと影響《えいきょう》してきます。それだけであって、精神統一（の修法《しゅうほう》等）はしていません。

これは、いつもアルファ波の状態にあるのです。何があっても心が乱れないのです。何かの出来事があっても、すぐにスーッと元に戻《もど》るのです。

これが戻らない人は、洗面器のさざ波のようにずっと続くんですね。一日中続くけれども、戻しが早い人は、乱れてもすぐに戻るのです。こういう状態が瞑想によって得られるわけです。

あるいは、瞑想だけではなく、心のトレーニングによっても、ある程度、得られるのです。何か問題が起きたときに、それの結論が見えたら、わりに早く戻れるんですね。

何か大きな問題があって悩《なや》み、どうしたらいいか分からない状態でいると、いつも心が揺《ゆ》れています。

ところが、問題が起きたときに、「これは、こうこうこう」というふうに分《ぶん》析《せき》をして、「この方法にはＡとＢの二つがある。Ａをやった場合には、こうなる。

最良はこれ。最悪はこれ。Bの場合には、こうなってこうなる。自分のすべきことは、明日《あした》、とりあえずAをやってみることである。そうしたらどうなるか。こうなるしかない。そのことは今悩んでもしょうがないのであって、結論は一週間後に出るはずだ」と、こういうことがパッパッパッと出ます。そうすると、揺れている波はスッとすぐに戻るわけです。

しかし、こういう解決がつかない人は、いつまでたっても揺れています。ですから、まず問題を分析して、結論に至るプロセスをサッと出してしまうことです。そして、プロセスが決まってしまえば、そのプロセスを受け入れることです。受け入れれば、そういうふうにするしかないのですから、どれかを受け入れ、その事態について心構えをするのです。受け入れる準備ができると、もう、あとは自然でいけます。自然に流れていくようになるのです。

こういう人間的努力による対応もあります。

瞑想的にやるのと、人間的努力によって対応していくのと、この二通りがあるわけです。これで、アルファ波という状態は保てるのです。

心のコントロールについての考え方

ご質問の機械は、何かを測定する機械でしょうか。機械でそういうアルファ波をつくり出すのでしょうか。それから、「かけておくとアルファ波が出る」と言って、音が何も聞こえないのに動いているだけのテープなどもあるようですが。

そうしたものは、私は使ったことがないけれども、本道ではないようには思うのです。「効く」と思えばやってみてもいいとは思いますが、そんなに長く続くとは思えません。やはり、ちょっと試《ため》してみるぐらいで終わるのではないかと思います。

それで究極的に人を幸せにできるかといえば、そうでもないのではないでしょうか。はっきり言えば、そんなものは要《い》らないはずです。自分の心を調整するのは〝タダ〟ですから、そんな機械は要らないのです。そうでしょう。

そういうものがあることによって心が安定する人、その機械を購入《こうにゅう》すると安定する人もいるかもしれないので、そういう人には〝効き目〟があるかもしれないけれども、心の法則自体で言えば、自分でコントロールすればいいことです。

ですから、それについては、「間違っている」とも言わないし、「正しい」とも言いません。

そういう機械をつくる人を私も見たことはあるけれども、おそらく霊界《れいかい》では「裏側」といわれる世界の人です。地獄《じごく》ではないかもしれないけど、「裏側」のほうだと思ってください。そういうふうに思います。

そういう人は、現代に生まれたら、そういう研究をするのです。

それも、真理からまったく離《はな》れているとは言えないので、そういうこともおそらくあるのだろうと思いますが、私たちが目指しているものは「表側」です。

4　アルファ波と「音楽・運動」の関係

Q4　「アルファ波」というものについて、音楽との関係をお教えいただければと思います。

復習セミナー第一回「『日蓮《にちれん》の霊言《れいげん》』講義」
一九八九年一月十八日　東京都・幸福の科学研修ホール（西荻窪《にしおぎくぼ》）にて

霊界《れいかい》通信ができる条件

先日も、アルファ波についての質問がありました（本章第３節参照）。機械でアルファ波を出すということでしたが、私は実際に使ったことがなく、その信憑《しんぴょう》性を確かめていませんので、よく知りません。

ただ、心の状態として、「非常に調和の取れた状態」というものがあります。波打たない状態です。これは、常に、私自身は確認しています。

この状態でないと、要するに霊界《れいかい》通信ができないのです。乱れている段階では絶対にできません。絶対にできないのです。いろいろなことがあったとしても、波があったとしても、これをスーッと平静に戻《もど》さないかぎり、通信はできないんですね。絶対にできません。そういう原理があるのです。

それは、機械などでやるというよりも、自分自身の心の調和をつくっていく練習をしたほうがいいのです。

アルファ波に近い音楽と、そうではない音楽がある

あえて言うとすれば、クラシック音楽などはアルファ波に近いものがありますから、そういうものを聴《き》いているときに心が落ち着いてくるということはあるで

しょう（注1）。

逆に、地獄《じごく》音楽もあります。最近流行《はや》っているようなものはほとんどこれで、地獄音楽のようなガチャガチャしたものもずいぶんあります。ロック系統のなかには地獄音楽がそうとう多いですし（注2）、地獄的な格好をして踊《おど》っているものがかなりありますので、やはり、そうとう指導しているのかなと思って驚《おどろ》いたのです。

マイケル・ジャクソンも、墓場《はかば》から出てくるような演出をしたりしていますが、だいぶ霊感体質なのではないかなと思います（注3）。

それから、バナナラマというイギリスの女性グループの映像を駅で観《み》たのですが、本当にサタンの格好をしてやっているのです。尻尾《しっぽ》を生《は》やして角《つの》を生やして、そして、踊って歌っているのです。やはり、こういうものが出るということ、そういうイメージが出るということ自体、多少影響《えいきょう》を受けているのかなと思います。

あと、女性のシンガーで非常に有名な、後楽園球場《こうらくえんきゅうじょう》にも来たマドンナという方がいます。私もたまに観るのですが、別に地獄の波動《はどう》は感じません。仙人界《せんにんかい》の波動を感じます。だいぶやっているなと感じますが、あちらの系統だと思います。パワーがそうとうあります。でも、楽しいですね。そういうものもありますが、アルファ波ではありません。

そういうことで、落ち着いたクラシック系統がだいたいアルファ波に近いのです。クラシックを聴いてスーッと入ってくる状態が、それに近いと思ってくださって結構です。

運動等で体を動かすことの効果

あとは、「心を静めるための時間」を取ることです。読書でもいいし、考え事でもいいでしょう。

また、頭がゴチャゴチャしているときには、「体を多少動かしてみる」ということも大事かと思います。動かしているうちに、いろいろな雑念が取れていくということは現実にあります。いろいろな悩《なや》みがいっぱいだけれども、運動をしたり、いろいろと体を動かしているときに、雑念が取れていくことはあります。

実は、私もここに来る前に歩いていたのです。最近は毎日歩いているものですから、今年に入ってから、もう三十キロぐらい歩きましたでしょうか。もうちょっと歩いたかもしれません。昼間から歩いているのです。

それも、ただボケッと歩いているのではないのです。それだけは言っておきますが、私は、歩いているときにアルファ波状態です。考えながら歩いているのです。考えているというか、散歩をしているときにいちばんいいイメージがよく出るのです。肉体を動かしているうちに、いろいろな雑念とか、あるいは悩み事のようなものが落ちていくのです。落ちていって、二、三十分歩いていると、だんだん、そういう世界から抜《ぬ》けてくるのです。

人と会っていると、いろいろな問題をみなさんがけっこう持っているものですから、それらが頭から離《はな》れないのです。特に、愛と慈悲《じひ》で生きようとすると、どうしても頭から離れませんから、これを無理やり離す必要があるのです。離さないと仕事ができなくなるのです。

そうしたとき、リズミカルな散歩や運動をしていると、次第《しだい》に波長《はちょう》が変わってくるのです。そして、気がついたら、そうした問題のことを全然考えていないのです。池の面《おもて》を見たり、木を見たり、空を見たりして、いつの間にか違《ちが》うことを私は考えているのです。

そして、歩いているうちに、いろいろとインスピレーションが降りてきます。いろいろと着想が湧《わ》いてくるのです。それで、新しいアイデアが出てきたり、将来のイメージが湧いてきたり、いろいろと出ます。ですから、けっこう楽しんでいます。そういうことをしていいます。遊んでいるわけでは決してありません。あと、全国行脚《あんぎゃ》に備えて体を鍛《きた》えているということもあります。両方ですね。今日は一時間近く歩いた上で、二時間ぐらい立っているわけで、けっこう足を酷使《こくし》しています。そういうことも一つです。

調和しようと思って家で坐禅《ざぜん》しても、雑念や悩み事等が頭からどうしても離れないというのなら、体を使うことによって調《ととの》えるということも一つだし、あるいは、音楽で調える、こういう方法もあります。

結局、そうして〝その念を切る〟ことです。念を受けやすい人の場合は、ほかのことを入れて念を切ることです。

「日蓮の霊言」（現在は『大川隆法霊言全集　第１巻』〔宗教法人幸福の科学刊〕所収）のなかでも、「人間は二つのことを同時に考えられない」と言っていますが、同じことです。ですから、まったく逆のことを入れればいいと思います。

（注1）アルファ波に導く音楽としては、現在、天上界《てんじょうかい》の高次元にある美しい調《しら》べを直接的に表現した、大川隆法総裁による楽曲「El Cantare《エル カンターレ》 大川隆法 オリジナルソングス」が、四百五十曲以上、作詞・作曲されている。

（注2）その後の霊査《れいさ》で、ジョン・レノンがイエス・キリストの分身であることが判明するなど、ロック音楽のなかにも天国的なものと地獄《じごく》的なものがあることが分かっている（『ジョン・レノンの霊言《れいげん》』〔幸福の科学出版刊〕参照）。

（注3）マイケル・ジャクソンが亡《な》くなったあとに霊査を行《おこな》ったところ、芸術家系統の光の世界に還《かえ》っていることが判明した（『エクソシスト入門』〔幸福の科学出版刊〕参照）。また、二〇一〇年七月十五日には霊言も収録している（『マイケル・イズ・ヒア！』〔幸福の科学出版刊〕参照）。

5　「内在する自然の思いに忠実に生きる」とは

Q5

「内在する自然の思いに忠実に生きていく」ということについて、簡単に解説をしていただければと思います。

関西支部連続セミナー 第二回「未来型人間とユートピア価値革命」
一九八九年五月十三日　大阪《おおさか》府・吹田《すいた》市文化会館にて

「本来の自己」を見つめるには

「簡単に」と言われましたが、これも一つの修行《しゅぎょう》なのです。
今まで、反省法や瞑想法《めいそうほう》をいろいろと教えてきましたし、「本来の自己」とも
よく言っているけれども、それは何かというと、やはり、「自分の内を見つめる」

というイメージトレーニングの一種なのです。これは実体験してみないと分かりません。

ですから、「外から与《あた》えられた人間像」あるいは「あなた像」、つまり、「あなたはこういう人間なんですよ。こういう生き方をしなければいけないんですよ。こういう素質を持った方なんですよ」という、外からのあなたの評価はいろいろとあったと思うけれども、そうではなく、もう一度、自分自身というものを、そういう判断は抜《ぬ》きにして深く見つめていただきたいのです。

そのときに、「今までまったく見えていなかった自分」というものが見えてきます。自分がごく自然のままに、何らの妨害《ぼうがい》もなく育ってきたらどうなっていただろうか。その「本心の願い」はいったいどうであったのだろうか。虚栄心《きょえいしん》とか栄達の心、こんなものをなしにして、どうであったのだろうか。これを見てほしいのです。

それは各人に違《ちが》いがあります。結果は一人ひとり違います。「個性」というだけあって違います。けれども、これは確かにあるのです。これが、ある意味での「本来の自己」でもあるのです。

今まで、「ダイヤモンドの自分」だとか「神性《しんせい》（仏性《ぶっしょう》）」だとか、いろいろと言ってきたけれども、これをもっと簡単な言葉で言うと、「今回、人生修行のなかでいろいろとつけてきたものによる判断を抜きにして、自分自身に何の先入観もなく、何らの判断基準も持たずに、素直《すなお》に、素の状態で、生地《きじ》のままの自分というものをただ見つめてみる」ということです。ジーッと見つめてみて、発見してみてくださいと言っているのです。

八正道《はっしょうどう》（本書百十四ページ参照）には基準があります。「こういうふうに見てください」という基準があります。そうではないのです。「何らかの基準で見よ」と言っていません。そのまま眺《なが》めてみてください。

それから、逆に、内側から外を見てください。内側から外。「本来、ありのままでいたらどうなるか」という自分の姿から、現在の自分を逆に見てみてくださ い。これは〝八正道の逆〟なのです。〝八正道の逆〟を教えているのです。

第5章

徳あるリーダーを目指して

1　愛と正義の関係について

Q1

「愛と正義」ということについてお訊《き》きしたいと思います。よろしくお願いいたします。

一九八九年 五月研修「『新・モーゼ霊訓集《れいくんしゅう》』講義」
一九八九年五月五日　兵庫県・宝塚《たからづか》グランドホテルにて

愛を広げるなかで、正義が必要になるとき

「愛と正義」については、『新・モーゼ霊訓集』（現在は『大川隆法霊言《れいげん》全集 第25巻』〔宗教法人幸福の科学刊〕所収）の最後のほうに、「愛と正しさ」という節があります。これに関係する話になると思いますけれども、結局、「愛」という

のは、もう少し〝全方位《ぜんほうい》的な感じ〟なのです。

例えば、風呂《ふろ》に入るときに固形の入浴剤《にゅうよくざい》を入れることもあるでしょう。あれを風呂の桶《おけ》のなかに入れますと、ジュワジュワジュワッと溶《と》けて広がりますよね。全方位的に広がっていきます。

あれが愛なのです。愛というのは、もともとああいうところがあるのです。ところが、それだけであると、やはり、いろいろと不都合《ふつごう》なところが出る部分もあります。

すなわち、愛は入浴剤が溶けるような感じで全方位的に行くけれども、人々は必ずしも、それを喜んでいるかどうか分からないのです。人間関係のなかでは、うれしい人もいるけれども、「今は要《い》らない」という人もいるわけです。ああいうふうに均等に広がっていくのだけれども、人間関係学のなかでは、けっこういろいろなものがあるんですね。その愛をストレートに受け止める人もいれば、嫌《きら》う人もいる。また、阻害《そがい》しようとする人もいる。いろいろ出てくるのです。

こういう局面で、実は、「正義」というものが必要なのです。愛を本当に広げていく、その本来の使命どおり全方位に広げていくために、障害物となるものを取り除《の》けるための正義というものがあるのです。そういうふうに考えてください。

ですから、本質的なものとしては、やはり、「正義」よりも「愛」のほうがもっと本質的です。もっと中核《ちゅうかく》にあるものなのです。ただ、「その愛が、本来の使命、本来の姿として〝風呂桶全体を満たして〟いくためには、正義が要る」ということです。そういうふうに考えていただければいいと思います。

このときに、愛と、正義あるいは正しさとも言っていますけれども、「こういうものを上手に使い分けて、お風呂に均等に入浴剤の匂《にお》いと色を広げるためには、智慧《ちえ》が要りますよ」ということを言っているわけなのです。

そして、愛の、その〝入浴剤の色〟が広がっていくなかで障害物が出たときに、それを〝はね除ける〟ために、「厳しさ」というものが必要なことがあります。この厳しさで出るときが、実は「愛が正義に転化するところ」かもしれません。

ですから、「本質的には愛が基底にあるのだけれども、それが正義の面で出てくることがありますよ」ということです。

2　女性が「義《ぎ》」の徳目を身につけるには

Q2　「人生の王道を語る」のご講演（『人生の王道を語る』『大川隆法　初期重要講演集　ベストセレクション④』所収〈共に幸福の科学出版刊〉）のなかで、「人生の王道を行くためには、『礼《れい》・智《ち》・信《しん》・義《ぎ》・勇《ゆう》』の五つの条件がある」ということと、「女性にいちばん欠けているものは、そのなかでも特に『義』である」というお話がありました。

女性でも志《こころざし》を持って仕事をやり遂《と》げようと思うときには、必ず「義」が必要になるときが来ると思うのですが、それについてお教えいただければと思います。

一九九〇年　第五回大講演会　第二部「人生の王道を語る」
一九九〇年六月三日　千葉県・幕張《まくはり》メッセにて

「理性」「知性」と「仕事能力」の関係について

「『義』というのは一つの理性である」という話をしましたけれども、理性的な女性というのは、パーセンテージで言って少ないというのが現実なのです。

この次に少ないのが知性的な女性ですが、これは現代ではある程度出てきています。従来、過去の歴史のなかでは知性的な女性も少なかったのですが、現代では、女性の知的なレベルが非常に上がっています。

この「理」と「知」、「理性」「知性」というのは何かというと、これは「仕事能力」に非常にかかわるのです。この知性や理性がないと、この世的に何を成していくのでも難しくなります。仕事の実務能力、遂行《すいこう》能力と非常に大きなかかわりがあるので、これが弱いと、やはり人の上に立っていくことが難しいわけです。

要するに、自分一人だけだったら仕事ができるし、二人か三人の仲間内、気の合った人同士だったら同じことができるけれども、大勢の人、五十人、百人と一《いっ》緒《しょ》にやっていくとなると、こういう人たちはいろいろな考えを持っていますから、感情だけでは動かないのです。

こういう人たちを一つの目的の下《もと》に集めて仕事をしていくために必要なものは、それは一つには、先ほど言った「知性」です。知性的なものの見方が必要ですし、もう一つは「理性」です。

この理性は「原因・結果」でよく説明されます。「こういう建前からいくと、こういう結論が結びつく。そうすると、こういうふうになる」という順序立てた説明ですね。筋《すじ》を通して説明ができる力がないと、人々はなかなか納得《なっとく》しない、説得されないわけです。実を言うと、ここは「説得力」とも関係があるわけなのです。

そのように、知性・理性が現実の仕事能力とも非常にかかわっているがゆえに、それが大事でもあるし、また女性には、まだ少し足りない部分があるのではないかということなのです。

現実に、幸福の科学の女性でもリーダーシップを取って活動しておられる方を見ますと、だいたい五つの徳目それぞれを満たしていますし、特に、女性のなかでも「義」と「勇」が非常に目立っている方がリーダーシップを取っておられます。ですから、それを見ればお分かりだと思うのです。

「義」の部分を強くするためには

では、「自分がそういうふうになっていくためには、どうしたらよいのか」ということがありますが、この「義」のところの是非《ぜひ》の判断を強くしていくためには、やはり師を持つことが大事です。師、あるいは先輩《せんぱい》です。

師や先輩を持ちますと、その人の考え方にだいたい影響《えいきょう》をされてき始めます。

そうすると、「この人だったら、こういうふうに考えるだろうな」というのが分かってくるのです。自分一人だったら結論が出なかったような物事が、「ああ、あの先輩だったらこう考えるだろうな」ということが分かって、その尊敬できる人の考え方に従っていくと、そこで結論が出せるようになっていくのです。

こういうことで、後天的に勉強しうる可能性が非常に高いのです。

ですから、その「義」の部分を強くするためには、優《すぐ》れた人を先輩あるいは師として持って、常々よく学んでおくことです。

その人の「判断力」を頂くのです。お借りするのです。そして、「自分なりのものの見方」を次第《しだい》に確立していくことが大事です。

3　信仰《しんこう》の世界に生きるリーダーが持つべき「義《ぎ》」とは

Q3

「信仰《しんこう》と情熱」を持って人の上に立っている、「長《ちょう》」といわれる人たちが持つべき「義《ぎ》」とはどういうものなのか、お教えいただければ幸いです。

一九九〇年 第十三回大講演会「未来への聖戦《せいせん》」
一九九〇年十二月九日　大阪《おおさか》府・インテックス大阪にて

「リーダーとしての義」に求められるもの

ご質問の意味が分からない方もいらっしゃると思いますけれども、『信仰と情熱』という本が出ています。

そのなかの第１章「信仰と情熱」は、当会の講師たち、

『信仰と情熱』（幸福の科学出版刊）

あるいは講師を目指す人たちに対して行《おこな》った講義です。その講義では、要点として、「人生の王道を語る」という講演会でも述べたように、「礼《れい》・智《ち》・信《しん》・義《ぎ》・勇《ゆう》」という五つの徳目がリーダーにとっては必要だ」というような話をしたのです。

そのなかの「義」というのは何かというと、物事の善悪・正邪《せいじゃ》を見極《みきわ》める力、道理を見抜《みぬ》く力です。これが「義」であるというふうなことを言っているわけです。

では、「信仰の世界に生きるリーダーの立場としての義」とは、いったい何であるか。はっきり言わせていただくと、「そうしたリーダーとしての義には、ちょっと厳しめのものが入りますよ」ということを言っておきたいのです。

私たちは、原則的に言うと〝羊の集団〟なわけです。当会の会員を見ていると、はっきり言って〝お人好《ひとよ》しの集まり〟です。本当に、幸福の科学の会員などは、悪人が騙《だま》そうと思ったら簡単に騙せるかもしれません。お金の十万円や二十万円を取り上げるのは簡単だと思います。〝その筋《すじ》の人〟がやれば、簡単に出してしまうと思います。上着《うわぎ》も下着も取られてしまうかもしれないぐらいの、本当に〝羊のような集団〟だと思います。本気で悪いことを考える人が来たら、そうなるでしょう。

ただ、全体が〝羊〟であることは、それはそれでよいのですが、〝羊の数〟が多くなってみなが道を間違《まちが》えると、谷底に落ちていくようなことだってあるわけです。ですから、「自分たちは〝羊〟だからいいんだ」という、お互《たが》いの自己認識だけで生きているわけにはいかないのです。〝リーダー羊〟というのは、やはり、力も強くなければいけないし、声も大きくなければいけないわけです。

そういうときに、相手が一人、二人なら諄々《じゅんじゅん》と話していろいろなことを理解していただけるのですが、相手が〝羊五十頭、百頭、あるいは千頭、一万頭〟になってくると、それぞれがいろいろなことを考えているので分からないのです。それを説得するのに、非常に時間がかかって難しいのです。

ですから、方向をはっきりと示してあげなければいけないのです。〝あちらに帰らなければ、牧場《ぼくじょう》には戻《もど》れないよ〟ということをピシッと言ってあげなければならないわけですね。

そのときに、個人の良心としては、「いろいろな人の事情もあるだろう。考えもあるだろう」ということは分かるけれども、それよりも、〝より大きな善〟を選び取らなければいけないわけです。〝小さな善〟のところに目をつぶって、大きなものを選ばなければいけないことがあります。

リーダーに求められる「決断の力」

例えば、支部で伝道をしていると、みんながみんな伝道を好きな人ばかりではなく、一人だけ、どうしても文句《もんく》を言う人がいるとします。「幸福の科学は学習団体から始まったのだから、やはり、最後まで学習団体で貫《つらぬ》くべきだ」というようなことを熱心に言う人がいるとします。

一方で、「何を言っているのだ。学習と伝道というのは連携《れんけい》しているのだ。学習あってこその伝道、伝道あってこその学習だ。そういうふうに教わっているのだから、両方やらなければいけないのだ」というふうに誰《だれ》かが反論するとします。

しかし、その人は頑張《がんば》ります。「学習というのは一年や二年で済むものではないのです。十年、二十年、三十年とやって本物になるのです。だから、みなさん、一生学習ですよ。死ぬ前に伝道しましょう」と、そんなことを言うとします。

一見、両方とも論理はあるように見えますが、やはり、「全体で見て、どう動かなければいけないのか」ということについては、決断しなくてはいけないでしょう。決断するべきときに決断できない人は、リーダーとしての資格がありません。するべきときに、しなければいけないのです。

そこで決断ができないと、要するに長引くわけです。トラブルが長引いていっていろいろな人に影響《えいきょう》が出てくると、その優柔不断《ゆうじゅうふだん》というものが、本当は「思いやり」だったのに「悪」に転ずるのです。

一人の人間の考えとして、「まあ、そういう考えもあるだろう」と認めてやること、それは一つの〝愛〟ではあったのですが、〝弱々しい善人としての愛〟であったのです。

そこで、「まあ、そんな考えもあるだろうな」ということで認めて温存していくことが、いろいろなトラブルの種になって引きずっていったら、これは、その「優《やさ》しさ」が今度は「悪」になるわけです。「悪」に転じて、多くの人に迷惑《めいわく》をかけるようになるのです。

こういうときには、当会のなかで指導者になろうと思う人は、腰《こし》に刀を差しているつもりでいかなくてはいけません。いろいろと迷うことはあるけれども、リーダーとして、最後は神様の心に祈念《きねん》して、「黄金の刀」「黄金の剣《つるぎ》」を抜いて、「君の気持ちも分かるけれども、この方向で行くべきです」と、パシッと言ってあげることです。

行くべき方向をビシッと示して、「あなたは間違っている」ということをガツンと言ってあげることも愛なのです。

ですから、いろいろと〝こんがらがってくる〟ことは、これからいくらでもあるでしょうけれども、それが広がっていくようではいけません。やはり、いちばん早いところで、それを抑《おさ》えてしまわなければいけないのです。

そのときに「勇気」が要《い》るのです。その勇気は、他人《ひと》に対して、「みんなにいいように思われよう」というような気持ちがあると奮えないのです。「みんなから、いい人だと思われよう」とか、「あの人は円満な人だと思われよう」とか、「善人だと思われよう」とかあまり思うと、その執着《しゅうちゃく》が引っ掛《か》かって、なかなかそれができません。

そういうときには〝見せかけの悪人〟になることも大事です。本当は、心の底ではそう思っていないけれども、「これは、やらなければいけない」と思ったら、〝役者〟に徹《てっ》して、そこで厳しいこともバシッと言えるような人間にならなくてはいけません。

そのときに、根《ね》に持たないことです。根に持たないことが大事です。

要するに、「指導者としての義」とは何であるかというと、より多くの人々を正しい方向に導く、その「選択《せんたく》・決断の力」です。

いろいろな問題が出てきます。どちらにも、たいていの場合、言い分があるでしょう。このときに、より多くの人々を正しい方向に導いていけるほうを常に選び取ることです。

その決断のときに、痛みを伴《ともな》うことがあるけれども、その痛みに耐《た》えることです。これが、「指導者として要請《ようせい》される義」です。これには耐えなければいけないのです。私も耐えています。

4 「許すこと」と「悪と戦うこと」をどう考えるか

Q4

「愛」と「戦い」の関係についてお伺《うかが》いします。「圧倒《あっとう》的な善念で、悪に見えるものをすべて押《お》し流せ」ですとか、「許して許して許し切れ」といった考え方がある一方で、「光の天使、光の戦士」という考え方もあります。

また、「愛は戦車だ」という言葉もあり、「愛することが、そのまま戦うことになるんだ」という考え方もあろうかと思いますが、そうした「許すこと」と「戦うこと」との関係についてお教えいただければと思います。

復習セミナー　第九回「『親鸞聖人霊示集《しんらんしょうにんれいじしゅう》』講義」

一九八九年四月五日　東京都・幸福の科学研修ホール（西荻窪《にしおぎくぼ》）にて

「悪を放置していいかどうか」という問題

これは難しい範囲《はんい》の質問になると思います。というのは、やはり、どうしても両面があるからです。

ただ、基本論を言うとするならば、「戦い」というものをもっていたら、相手も撃退《げきたい》されるかもしれないけれども、やはり、自分も傷ついていくことだけは事実ですね。それだけは間違《まちが》いがないです。

ただ、長い流れのなかでは、「戦い」として現れる面が出てくることはしかたがない面もあります。どうしてもそういう面はあると思います。

例えば、「悪が顕在化《けんざい》してきたときに、すなわち、明らかにガーッと出てきたときに、放置するかどうか」ということがあるのです。そこで押さえたら止まるものが、放置することによってもっと大きな問題を起こしていくときに、「さあ、

『許し』という名でもって放置していいかどうか」ということはあるのです。これは人生観の問題でもあるし、ある意味で、もっと高度な問題でしょう。

和合僧破壊《わごうそうはかい》の罪を犯《おか》した提婆達多《だいばだった》

例えば、仏教で言っても、釈迦《しゃか》教団のなかでも何度か問題はありました。弟子《でし》のなかで争いをする者が出てくるのです。必ず出てくるのです。これはいつの時代もあります。仏陀《ぶっだ》は弟子を平等に愛していても、弟子のほうでは、やはり処遇《しょぐう》についての不満というのは出るんですね。「私がいちばん優《すぐ》れている」と思っても、そういう扱《あつか》いを受けないと、それに対して不満がある。そうするとどうなるかというと、いちばんよくある手は、仲間を集めて、「おかしい。われらは、やはり違う考えを取ろうじゃないか」と、こういうのがよくあるパターンです。

こういうことで、実際上、仏陀教団も何度か揺《ゆ》れたことがあります。いちばん大きかったのは提婆達多《だいばだった》のときです。仏陀の弟子に提婆達多という人がいて、この人も優れた人ではあったのだけれども、非常に自己顕示欲が強かったし、一番弟子でないと収まらないところがあったのです。

ところが、仏陀がほかの弟子のほうを立てるものだから、やはり我慢《がまん》がならなくなって、最後には仏陀の命を狙《ねら》うところまで行ってしまうのです。哀《あわ》れといえばそれまでなのですけれども、そういうこともありました。

それで、公衆の面前で、仏陀はその提婆を叱《しか》ったわけです。叱ったところ、素《す》直《なお》に反省すればいいけれども、プライドが強いわけです。プライドの強い人を公衆の面前で叱ると、必ず反乱するのです。これはいつの時代もそうです。自我が治まりませんから、必ずそういうことをして正当化に走ります。そういうことでありました。

それ以外でも、仏陀が旅行をしているときとか、あるいは、年を取ってからのときもありましたけれども、仏陀教団から弟子を根こそぎ引き連れて持っていこうとする。こういう者もいました。

自分がもう、早くも二代目になったつもりで引っ張っていく。「仏陀はもう年老いた。もうボケた」「昔の仏陀は優れていたかもしれないけれども、もう駄目《だめ》だ。七十歳《さい》を過ぎてボケたから、もうあれは放っておけ」「私が後を継《つ》ぐからついてきなさい」と言って連れていった者もいるし、旅行中に、「実は私が全権を委《ゆだ》ねられたんだ」などと言って、弟子たちを引き連れてごっそり持っていったりして、シャーリプトラ（舎利弗《しゃりほつ》）とモッガラーナ（大目連《だいもくれん》）が必死で奪《うば》い返しに行ったりするようなこともありました。

こんなことはいくらでもありました。

では、これを、例えば「許し」ということだけで、「いいんだよ、自由にして」

と言えるかどうかというと難しいのです。

これに関して、「和合僧破壊《わごうそうはかい》の罪」ということを仏陀は言いました。「和合僧」、すなわち「和して、一緒《いっしょ》になって仲良くしている僧」です。その僧、サンガ（教団）の規律を乱してそれを破壊した者というのは、この罪は大きく地獄《じごく》に堕《お》ちる罪になるということを言っています。そういうことを言いました。

実際に堕ちるのかどうかはケースによりましょうが、調和した人たちの群れを分断したりかき回したりするということは、やはり大きな罪であるので、それに対して、仏陀は叱ったという事実はありました。

ですから、「法益の比較《ひかく》」で、大きな法益、本当に護《まも》らなければいけないものが大きい場合には、やはり「厳しさ」が強調されることもあるでしょう。そういうことです。

戦いの場面においても忘れてはいけないこと

原則は、もちろん「優《やさ》しさ」であり「許し」であるけれども、大きなものを護らなければいけないときに、時に「戦い」と見えし場面が出ること、これもやむをえないでしょう。

ただ、それに対しては、すぐ戻《もど》しをかける工夫《くふう》だけはしておかねばならない。常時、戦いをしていればよいということではない。その姿勢だけは忘れないでいただきたいと思います。

大きな法益の面では、例えば、仏陀教団を護るために、そういう反乱を起こした弟子たちに対して怒《おこ》るということはあるでしょう。

ただ、それをもって常に戦う姿勢を取り続けるということではない。それが収まれば、またいつものように、お互《たが》いに許し合い、慈《いつく》しみ合う団体になっていかねばならない。そういうことです。
これは、いつもあるテーマです。ですから、そのつど、そのつど、乗り切って
いくしかないことである。そういうふうに思います。

5 阿羅漢《あらかん》の境地に至った証明とは

Q5

日々の修行《しゅぎょう》と信仰生活《しんこう》のなかで、ときどき、心揺《ゆ》らぐことがあるのですが、そのときの信仰心の深さを自己点検する基準についてお教えください。

また、阿羅漢《あらかん》の境地になると、守護霊《しゅごれい》との交信が可能になるということですが、逆に守護霊との交信がないということは、そこまで達成していないということなのでしょうか。よろしくお願いします。

初転法輪《しょてんぽうりん》記念・特別公開セミナー「仏教的精神とは何か」
一九九二年十一月二十三日　北海道・苫小牧《とまこまい》市民会館にて

阿羅漢の第一条件とは何か

「阿羅漢の証明」というのは、なかなか難しいものです。実際、なかなか難しいものですし、簡単に言いますと、教学が終わっていなければいけないのです。阿羅漢というのは、まず第一には教学が終わっていなければいけません。そうすると、本当は誰《だれ》もいないのです。教学は終わっていないでしょう。何しろ、幸福の科学には新しい教えがどんどん出てきますから、終わりようがないんですね。

その意味では、「百パーセント教学が終わった」ということはありえないので、「だいたい終わった」というぐらいまでしか、今のところはないのです。「ある程度のところが分かりえた」というところまでしかないので、阿羅漢の第一条件の「教学が終わっている」ということは、実際、厳密な意味ではまだないと思います。「教学が終わった」というところまで行くためには、法の部分がもう固まっていなければいけないのです。

では、法の部分がある程度固まるには、どのくらいの年数がかかるかということですが、この五、六年ぐらいでは、まだ十分に固まっていません（説法《せっぽう》当時）。もう少し発展しながら固まっていくと思いますので、二十年ぐらいすれば、だいぶ固まってくるのではないかと思うのです。あと十五年ぐらい頑張《がんば》ればだいたい固まってくると思います。「法を理解した」と言ってそう外れないというか、「だいたい理解した」と言っても、「まあ、そうでしょう」と言えるまではあと十五年で、合計二十年ぐらいすると、だいたい間違《まちが》いがありません。

宗教的な世界での指導者というか、先生として教えられる、弟子《でし》を持ったりして教えられるのに必要な最低年数が、やはり十年なのです。十年ぐらい勉強しながら実践《じっせん》していないと、人を教えられないのです。

そうすると、初転法輪《しょてんぼうりん》から足かけ六年で、会として組織立って活動し始めてから五年半、宗教法人格を取って一年半ですから（説法当時）、講師とかいろいろな方があちこちにいらっしゃるけれども、誰一人、本当の意味での〝免状《めんじょう》〟など持っていないのです。〝とりあえず〟なのです。〝とりあえずの仮免〟しかまだ出ていないのであって、最低十年は必要です。最低十年の勉強は必要で、二十年すれば、ある程度確立するだろうと思うので、そのくらいのものだと思っていただきたいのです。

ですから、阿羅漢といっても、今、ある程度辿《たど》りえていても、「仮免の状態ぐらいだ」というふうに思ってください。

まず、教学が終わっていることです。

「守護霊《しゅごれい》の通信が受けられる」とはどういう状態か

それから、「守護霊《しゅごれい》の通信が受けられること」といいますが、それは、明確に言葉として受けられる方もいらっしゃるでしょうけれども、そうではなくても、毎日毎日、精神統一をしていますと、体が温かい感じがしてきます。『正心法語《しょうしんほうご》』（注）を読んだり、それから反省をしたりしていると、体が温かくなってきて、いつも光がサーッと入ってくる。それから、反省していて深い気づきがあると涙《なみだ》が出てきて、洗われたような清々《すがすが》しい気持ちになる。

こういうことが、自分でしようと思ってできる段階、要するに、いつも毎日、「ああ、今日も一日ありがとうございました。反省させていただきたい」と反省したら、本当にサーッと曇《くも》りが落ちて、そして、光が入ってきて体が温かい感じがする。この感じが続くようなら、いちおう阿羅漢の状態なのです。

これでも阿羅漢の状態であるので、そんなに明確に、霊言集《れいげんしゅう》を出せるような言葉が降りてこなくても構わないと思うのです。それでも十分、守護霊と通じていますから、そういう状態は大事です。

むしろ、あまり言葉が聞こえすぎるとかえって危ないことのほうが多く、「霊能信仰」に入ると違うものが入ってくるのです。（霊道《れいどう》を）開いたあとに違うものが入ってきます。

調子がいいときは守護霊なのですが、二年、三年するうちに、どうしても自分の周りにいろいろな事件が起きます。例えば、家庭のなかに病人が出てみたり、奥《おく》さんや旦那《だんな》さん、あるいは子供さんが病気になってみたり、事故に遭《あ》ってみたり、会社が傾《かたむ》いてみたり、それから、出世が遅《おく》れたりします。そういう出来事が起きると、昨日《きのう》まで阿羅漢だった人が急にガーッと傾いていくのです。

苦しみをつくると、そこのところに、やはり入ってきやすいのです。普通《ふつう》の人だとそんなに入らないものが、いったんそういう段階になっているがゆえに、かえって入りやすい。魔《ま》が入ってくるのです。

そういうことがあるので、けっこう厳しいものなのです。なかなか、これも「完全に悟《さと》りえた」というところまで行かないのです。

そのためには、やはり常に、今まで得たものについて「もうこれで完璧《かんぺき》だ」と思わずに、「毎日毎日、新しく種をまき、新しく育て、新しく刈《か》り入れをする」というこの精進《しょうじん》を、毎日毎日きっちりと繰《く》り返していく必要があるのです。

ですから、阿羅漢の条件としては、教学がいちおう終わっていることと、守護霊と同通するような心、すなわち、その言葉が聞こえなくても、明るい暖かい光が本当に入ってくることです。

『正心法語』を読んだり、真理の本を読んだり、反省したりしていると、いつも燦々《さんさん》と光が射《さ》してくる感じがする。こういう状態が続いているならば、ある程度、第一段階としては阿羅漢の状態に近いと言っていいでしょう。

悟《さと》りが高まるほどに大事になる、自分を戒《いまし》める心

けれども、これが確立するには、まだまだだいぶ時間がかかります。その間に精進が必要です。そこで転落しないようにするためには、戒《いまし》めとしての「戒《かい》」「戒律」というものが必要になります。

「戒」というと、昔から「五戒《ごかい》」などといいます。在家《ざいけ》の人の戒律としては「五戒」といって、「汝《なんじ》、殺すなかれ」「汝、盗《ぬす》むなかれ」「汝、姦淫《かんいん》するなかれ」「汝、嘘《うそ》をつくなかれ」、それから「汝、酒を飲むなかれ」とあります。最後がちょっと面白《おもしろ》いのですけれども、昔から「五戒」というものがあります。

ただ、これは一つの精神であって、みなさん自身も、「毎日、自分を戒めていく心」が大事です。この「戒」というのは、自主的に守るものなのです。自分で

決めて守るものです。

例えば、「私は毎日、朝晩、『正心法語』を唱える」ということを決めて、それを実行しているのは、これは十分、戒律になるのです。みなさんの戒、自分で自主的に守る戒になります。「私は、毎日一時間は真理の本を読む。これを続ける」、あるいは「毎日、寝《ね》る前には必ず三十分反省をする」。これはみなさんなりの戒なのです。自分で自主的に守っていこうとする戒めなんですね。それをずっと続けていく過程において、転落が防止され、向上はさらに進むのです。

こういう戒めの部分を持っていませんと、阿羅漢といっても、あまり甘《あま》いことを考えたり安心したりしていると、即《そく》転落します。ですから、自分の悟《さと》りが高まれば高まるほどに、自分を厳しく戒めていく心が大事です。

ご質問の趣旨《しゅし》は、「阿羅漢になったか、ならないか」ということですが、一般《いっぱん》的には「なっていない」と考えるほうが正解ではないかと思うのです。

また、「なれなくて結構。一生、〝長く楽しく〟修行を続けていく」「来世《らいせ》に賭《か》ける。〝来場所、大関《おおぜき》を狙《ねら》う〟」。これが、やはり主たる筋《すじ》で、今場所《こんばしょ》、最年少大関になろうなんて思うと、そこに執着《しゅうちゃく》ができて負けるわけです。四連敗したりしますから、そう思わないで、「毎日毎日、いい相撲《すもう》を取ろう」と思っていれば、いつの間にか大関になるものなのです。

そういうことで、悟《さと》りに対しては、やはり焦《あせ》りが出てきますから、「焦ったら負けだ」と思わなければいけません。「じっくり腰《こし》を据《す》えていこう」と思うことです。

木だってそうです。毎年、冬が来て、春が来て、夏が来て、秋が来て、また冬が来て、毎年毎年それを繰り返して、いつの間にか大きくなっていくのでしょう。年輪が重なって大きくなっていく。それと一緒《いっしょ》です。

私たちも、毎年、年輪を重ねていく。そういう気持ちを持つことが大事で、

"来場所が勝負"です。要するに、"死んだあとが勝負"だと思って、「今世は行けるところまで行けばいい。今世で悟りえたと思わなくても、まあ、いいだろう」という気持ちでやっていれば、いつの間にか〝大関〟になり、いつの間にか〝横綱《よこづな》〟になっているのです。そのようなものでいいと思います。

（注）正心法語《しょうしんほうご》……幸福の科学の根本経典《こんぽんきょうてん》『仏説《ぶっせつ》・正心法語』のこと。全編が仏《ぶっ》陀《だ》意識から降ろされた言魂《ことだま》で綴《つづ》られており、読誦《どくじゅ》することで天上界《てんじょうかい》とつながり、霊的《れいてき》な光が出てくる。

6 阿羅漢《あらかん》から菩薩《ぼさつ》へ、修行《しゅぎょう》の指針

Q6

大川隆法先生が幸福の科学の会員に望まれている悟《さと》りのレベルについて、本音のところをお教えいただければ幸いです。

一九九三年 新春特別公開セミナー「『宗教の挑戦《ちょうせん》』講義」
一九九三年一月十日 東京都・江戸川《えどがわ》区総合文化センターにて

教団の裾野《すその》が広がるほど必要になること

それは、難しいものはあるのです。大きな団体になってきますと、やはり、真理を広げなければいけないという気持ちはありますから、どんどん裾野《すその》は広がります。「裾野を広げるのに夢中になりますと、高みがなくなってくる」というこ

とで、「高みのほうへ走ると、また裾野が広がらなくなる」という両方がありま
す。

ですから、両方をやりながらやるしかないのです。広げたらときどき休んで高みを目指し、ある程度高くなったらまた広げていってというように、だんだんにやるしかないので、交互《こうご》にいろいろなことをやりながら来ています。

一九九一年はかなり拡張期でしたし、一九九二年の中ごろからは、少し学習に重点を置いてやってきています。

今年（一九九三年）はどのあたりが落としどころかなと考えているのですけれども、やはり、「ある程度、内容を充実《じゅうじつ》させながら発展していく」というスタイルでやるしかないかなという感じがしています。

というのも、裾野が広がれば広がるほど指導者の数が増えていかないと、ちょっと無理が出るんですね。あまり指導者が育っていないときに広げすぎますと、

どうしても、会のいろいろなところでギクシャクし始めますので、去年から今年にかけて、講師の養成のほうにだいぶ重点を置いてやっているのです。

まず、講師のあたりを高めないと、その下の会員までなかなか行かないのです。そういうこともあって、私があまり外に向きすぎていますと、どうしても、そちらのほうが〝お留守《るす》〟になるのです。そのため、去年（一九九二年）あたりから、「ああ、これはいかん」と思って、テレビや週刊誌の相手もほどほどにし、もうあまり相手にしないようにして、内部の教育のほうをやっているのです。

あまり顔が外へ向いていると、なかを地味に耕すほうを忘れます。なかも耕さないとだんだん畑が荒《あ》れてきますので、去年あたりから、教育中心で会員に対してもかなり深い話もしていますし、講師のほうも、みなさんがたは知らないかもしれないけれども、かなり〝しごいて〟いるのです。目に見えないところでぎゅうぎゅうに首が締《し》まって〝青息吐息《あおいきといき》〟なのです。

ただ、少しずつ実力は上がってきていますので、だんだんに効果は出てくると思います。

五次元に還《かえ》る人、六次元に還る人の特徴《とくちょう》

「本音で、どの程度の悟《さと》りを求めているか」と言われても、それは、あの世の世界にもいろいろと〝ランク〟があるのと同じで、いろいろな人がいらっしゃるので、やはり、ストレートにはなかなか言えないのです。

ただ、どの方も、まず第一段階としては、「死んで地獄《じごく》に行くようなことはないように」ということ、これは最低限の悟りです。

死んで地獄には行きませんように。少なくとも幸福の科学の会員になったなら、まさか、会員を続けていて死んで地獄へ行くなんていう、そんな恥《は》ずかしいことだけはしないように。やはり、会員である以上、そんな恥ずかしい結果にはなり

ませんように。「最低限、地獄から出られるだけの悟りは、まず持ってください」「天国に入れるだけの悟りは、最低限持ってください」と。これが最低限です。

その次には、各人が生まれてくるときの「もともとの霊階層《れい》」というのがあると思うんですね。五次元ぐらいから来た方、六次元から来た方、七次元から来た方、いろいろいらっしゃると思うのですが、その人がこの世に生まれたときの、元のところまでスッと還《かえ》れたら失敗ではないのです。とりあえず、合格は合格なのです。できれば、それより少しでも上がっていれば大したものなのです。

第二段階は、「もともとの、自分がいた世界ぐらいに還れるところまでは、何とか行きましょうね」ということです。これが二段階目です。

三段階目は、「元いたところよりも、少しいいところに還りましょうね」というところです。

これを違《ちが》う言葉で説明してみますと、地獄へ行くのは問題外としまして、宗教に関心を持っている方でも、例えば、「南無阿弥陀仏《なむあみだぶつ》と言うだけでもありがたい」、あるいは「南無妙法蓮華経《なむみょうほうれんげきょう》を唱えるだけでもありがたい」という人、「お地蔵さんを拝《おが》んでいるだけでも、もうありがたい」という人、そういう、信仰心《しんこうしん》はあって善人なのだけれども、私たちが見ると、「まだ、そういうことをずっとやっているんだな」と見える段階の人というのは、亡《な》くなったときにだいたい五次元に還る方なのです。

古い宗教をやっていて、伝統的な宗教で阿弥陀様を拝むとか、「南無妙法蓮華経」を唱えるとか、あるいは地蔵様とか○○観音《かんのん》様とか言ってやっているかたちで、おかしくない方は、だいたい五次元に還られる方なのです。

こういう方が六次元に還るためには、真理知識というものをだいぶ勉強しないと還れないのです。「ある程度、体系的な学習」がそうとう必要なのです。

幸福の科学の会員が、まず目指すべき境地とは

当会で、講師ぐらいを目指してきっちりと勉強をしていれば、だいたい六次元ぐらいには還れるのです。

六次元にも、もちろん、いろいろな階層がそうとうあるので難しいのですけれども、六次元に還れるのは、そういう真理知識をきっちりと身につけた人です。その意味で、多少、知的理解力も必要です。内容を人に教えられるぐらいのところまで自分を高めておく。ここまで行けば、六次元には還れます。

ですから、幸福の科学の会員として熱心な方であれば、とりあえず、ここまでは目指していただきたい。

真理知識をきっちりと学んで、人に教えてあげられる。正規の学校の先生とは違うけれども、真理に関しては、ほかの人に教えてあげられる。指導をしてあげ

られる。多少の普通《ふつう》の方だったら教えてあげられる。そのくらいのところまでは、とりあえず目指していただきたいのです。ここまでは、できたら目指していただきたいところです。

その次にみなさまがたが引っ掛《か》かるのは、六次元の上段階の阿羅漢《あらかん》というあたりでしょう。幸福の科学の教え全体の中心が、だいたいこのあたりをクリアできるぐらいのところに照準を合わせているのです。教えの流れにあって頑張《がんば》っていたら、みんながだいたいこのあたりの阿羅漢ぐらいまで行けるところを、指導の中心に据《す》えてあるのです。「中道《ちゅうどう》」はそのあたりに据えてあるのです。

もともとの（過去世《かこぜ》からの）修行《しゅぎょう》もありますから何とも言えないのですけれども、教えの流れに沿って実践《じっせん》して、そのまま迷わずにずっとついていけて、ある程度、講師的な能力までつけば、うまくいけば、六次元の上段階ぐらいまでには還れるはずです。理論的には十分還れるはずです。おかしくならなければ還れます。

七次元菩薩界《ぼさつかい》へ入るための条件

それから次元を超《こ》えて七次元のところへ入る、ここのところは、かなり〝一汗《ひとあせ》かかないと〟行かないのです。やはり、そうとうの「実績」が必要です。大勢の人々を本当に助けてあげる。愛してあげる。それを自分のものとしないで人助けをしていくことが、それが自分の「天命」だと思えて喜んでやっていける。

そして、そのことについて天狗《てんぐ》にならない。うぬぼれて、「俺《おれ》がやってやったぞ。俺が救ってやったぞ。よかっただろうが」と、こういう気持ちがあるうちは、六次元より上には絶対に上がれないのです。そこが限界で、下の地獄界と六次元の間を行ったり来たりしますから、これは駄目《だめ》なのです。

この天狗の鼻を取って、やはり、「生まれつき人々をお助けするのが好きなんだ。人を愛するのが私の天職なんだ」と、そういうかたちで自然に体が動く、心が動く。何も深く考えていなくても、お日様のように光をいつも発しているような、こういう気持ちで、日常を常に生きられるようになる。それが、無理しているのではなく、あるいは、人前に出たときだけそうなのではなく、地《じ》になっていて、人が見ようが見まいが、いつもそういうかたちで生きられる。心のなかを見ても、いつも陰日向《かげひなた》なく、そういう気持ちでいる。

そういう状態になると、もう菩薩《ぼさつ》の世界にかなり入ってくるのです。

その菩薩の世界からあとは、退転《たいてん》しないことも大事ですし、実績をあげていくことが大事です。できるだけ多くの人を救っていく。

人によって違いはあるけれども、目安というか、目の子ですけれども、だいたい、「一万人ぐらいの人を教えられる程度の力量」といいますか、「一万人ぐらいの人の先生になれる程度の力量」を持っていますと、菩薩界に還れるぐらいかなという感じなのです。

みなさまがたで想像しても分かるでしょう。会が大きくなれば、講師あたりでも、だんだんに孫弟子《まごでし》を持つぐらいにまでなっていくと思いますけれども、その人が人を教えていて、「一万人ぐらいの人を教えるのは、任せていっても大丈夫《だいじょうぶ》かな」というぐらいの力量がついてくると、だいたい菩薩に入れるぐらいの方なのです。

ただ、もっともっと、ずっと〝賢《かしこ》く〟なって、新しい宗教、新宗教を起こしてしまって、幸福の科学の別派をつくってしまったりして、「如来《にょらい》に入れるか」と思ったら地獄に行ってしまったり、そういうこともあるかもしれませんけれども。

今は「菩薩の修行の最終段階」として、やはり、あらゆる法門《ほうもん》を学び尽《つ》くすこと。それから、対機説法《たいきせっぽう》をするのに、「どういう人にどういう指導をするか」という指導法をしっかりと学び尽くすこと。そういうかたちで、総合的な自分の力をつける段階であろうかと思います。

修行《しゅぎょう》には無限の段階がある

大まかなことを言いましたけれども、自分たちがどのあたりに位置しているのか、もう一度点検してみてください。

みんなで集まったら申し合わせで、まず「地獄には行かないようにしようね」と。「地獄でお互《たが》いに見つけたら、恥ずかしいね」「『私は会員じゃありませんでした』なんて、お互いにごまかさないといけないね」と。そのあたりは、まずクリアしていただきたいと思います。

それから、信仰心深く善人で生きている方々、宗教心の溢《あふ》れた方々、そういう方も結構だけれども、「もうちょっと深いところを知るところまでは行きたいね」

「六次元を目指したいね」と、これが次の段階です。

その次が、「阿羅漢を目指したいね」という段階です。

ここの阿羅漢のところまでは照準を合わせてあるので、熱心な中堅《ちゅうけん》クラスの会員で、「この方は幸福の科学の会員です」と言って出して、当会の会員として恥ずかしくないなという感じの方でしたら、しっかり活動して還られたら、だいたい、この阿羅漢ぐらいのあたりに還られるはずです。

その次が、「プロの世界」です。プロの世界というのは、なかなか厳しいものがあるけれども、頑張って伝道して人を教えていくこと。出世しようと思ってやるのではなくて、本当にそれが自分の天職だと思って一生懸命《いっしょうけんめい》やることです。

それは、職員であるかないかということに関係がありませんから、在家《ざいけ》のままでいても十分できる仕事ですから、そういう力を持つことです。

さらに、修行《しゅぎょう》には無限の段階がありますけれども、とりあえず、そういうところです。

阿羅漢だけを目指していますと、気がつくと「地獄のほうを忘れていた」という人もたまにいますから、「まさか地獄に堕《お》ちないだろうな」というところはときどき点検して、日ごろは阿羅漢のあたりを目指して、できれば、「力がついたらもう一歩上がりたいかな」という感じですね。このあたりまで行っていただきたいと思います。

今、「一万人ぐらいに指導ができたら菩薩になれるよ」というようなことを言いましたけれども、会が大きくなるということは、基本的には、「菩薩になる方の数も増える」ということなのです。それだけ多くの指導者を必要とする団体になるわけですから、そういう指導者が必要となって、教える人がいっぱい出てくるわけです。そういう立場に立たされる器《うつわ》が出てくるわけです。

そうしますと、そういうキャリアが身についてくるということなのです。

この世にいる間に、真理に縁《えん》を持つことの意味

私は、今、新春セミナーでこういうふうに話していますけれども、あの世に還った場合には、私の話は直接は聴《き》けません。これは言っておきます。

私が直接教えているのは、如来界《にょらいかい》にいる人たちです。如来界にいる人たちを、私は直接教えています。菩薩界のほうに降りていくのは、普通は「お祭り」のときしか行かないのです。天上界《てんじょうかい》でも、ときどき「お祭り」があるのです。天上界にも「お祭り」や「カーニバル」などがいろいろとあって、そういう「お祭り」のときには菩薩界に行って話したりはするのですけれども、日ごろの指導では、行ってはやりません。

菩薩の方は、如来の方が教えることになっています。それから、六次元光明界《こうみょうかい》の方ですと、菩薩の方が教えます。

これがあの世のシステムですから、この世にいる間に、できるだけ一回でも多く、私の話を聴いておいていただきたいというふうに思っています。

そうすると、それが今世《こんぜ》で分からなくても、魂《たましい》のどこかに必ず記録されることになっていますから、不思議なことに、来世《らいせ》、効いてくることがあるのです。今回は「何を言っているか、さっぱり分からなかった」と言うかもしれないけれども、とりあえず一時間聴いていたら、来世のどこかでそれが出てくることが、やはりあるのです。修行をしているときに、「昔、学んだような気がする」ということがあるのです。

これはお経などにも出てくるのですけれども、釈迦《しゃか》の弟子の有名な比丘尼《びくに》（尼僧《にそう》）に、こういう人がいました。

「今、釈迦弟子になった理由は、過去世を思い出してみると、大昔に、私は冗談《じょうだん》半分にお坊《ぼう》さんのお袈裟《けさ》を肩《かた》にかけてみたことがあったのです。本当はそのあと二回ぐらい地獄に堕ちたのだけれども、その縁《えん》で、結果は、そのあと仏陀の弟子になれて、今、こんな修行ができています」と、「そのときに面白《おもしろ》半分で袈裟を着ただけで、その功徳《くどく》でこんなふうになりました」などという人の話が出てくるのです。

そのようなもので、「真理に縁を持つ」ということは、しばらくかかることもあるけれども、伏流水《ふくりゅうすい》みたいになってどこかで必ず出てくるのです。ですから、「学んだこと」というのはなくなりません。この世の「物」は（あの世に）持って還れませんけれども、「心のなかに染《し》み込《こ》んだもの」というのは全部持って還れますから、どこかで必ず役に立ちます。

そういう意味で、大事にしていただきたいと思います。

あとがき

比較的初期の段階で、心のあり方を真剣に求めている人たちに出会えて、とてもうれしかった。

十六歳で質問した方が、三十年後、どうなっているか。それをフォローはしていないが、一つ一つの質問が、多くの人々の人生の道しるべになったことと思う。

この小さな対話集が、他のシリーズ本とともに、多くの人々の心の糧として、人類の至宝《しほう》として、遺《のこ》ることを祈っている。

二〇二一年　五月八日

幸福《こうふく》の科学《かがく》グループ創始者兼総裁《そうししゃけんそうさい》　大川隆法《おおかわりゅうほう》

『エル・カンターレ 人生の疑問・悩みに答える　人間力を高める心の磨き方』関連書籍

『太陽の法』（大川隆法 著　幸福の科学出版刊）
『黄金の法』（同右）
『永遠の法』（同右）
『大川隆法　初期重要講演集　ベストセレクション②』（同右）
『大川隆法　初期重要講演集　ベストセレクション③』（同右）
『漏尽通力』（同右）
『愛は風の如く』全四巻（同右）
『エル・カンターレ 人生の疑問・悩みに答える　幸せな家庭をつくるために』（同右）
『宗教者の条件』（同右）

『悟りに到る道』（同右）
『悟りの挑戦（上巻）』（同右）
『真説・八正道』（同右）
『常勝思考』（同右）
『幸福の科学の十大原理（下巻）』（同右）
『八正道の心』（同右）
『エクソシスト入門』（同右）
『人生の王道を語る』（同右）
『信仰と情熱』（同右）
『詩集 私のパンセ』（同右）
『ジョン・レノンの霊言』（同右）
『マイケル・イズ・ヒア！』（同右）

※左記は書店では取り扱っておりません。最寄りの精舎・支部・拠点までお問い合わせください。

『ユートピア価値革命』（大川隆法 著　宗教法人幸福の科学刊）

『大川隆法霊言全集 第1巻 日持の霊言／日蓮の霊言』（同右）

『大川隆法霊言全集 第25巻 モーセの霊言③』（同右）

エル・カンターレ 人生《じんせい》の疑問《ぎもん》・悩《なや》みに答《こた》える
人間力《にんげんりょく》を高《たか》める心《こころ》の磨《みが》き方《かた》

2021年 5 月28日　初版第 1 刷
2022年10月20日　　　　第 4 刷

著　者　　大《おお》　川《かわ》　隆《りゅう》　法《ほう》

発行所　　幸福の科学出版株式会社
〒107-0052 東京都港区赤坂 2 丁目 10 番 8 号
TEL(03)5573-7700
https://www.irhpress.co.jp/

印刷・製本　株式会社 堀内印刷所

落丁・乱丁本はおとりかえいたします

ISBN978-4-8233-0269-5 C0014
カバー，帯 LedyX / Shutterstock.com
装丁・イラスト・写真（上記・パブリックドメインを除く）© 幸福の科学

初期質疑応答集

5　発展・繁栄を実現する指針

信仰と発展・繁栄は両立する──。「仕事」を通じて人生を輝かせる24のQ＆A。進化・発展していく現代社会における神仏の心、未来への指針が示される。

6　霊現象・霊障への対処法

悪夢、予知・占い、原因不明の不調・疲れなど、誰もが経験している「霊的現象」の真実を解明した26のQ&A。霊障問題に対処するための基本テキスト。

7　地球・宇宙・霊界の真実

全７巻のＱＡ集を繰り返し読むことで、
人生の全ての秘密に
通じることができるだろう。
（「あとがき」より）

世界はどのように創られたのか？　宇宙や時間の本質とは？　いまだ現代科学では解明できない「世界と宇宙の神秘」を明かす28のＱ＆Ａ。シリーズ最終巻！

※表示価格は税込10%です。

大川隆法ベストセラーズ

初期質疑応答シリーズ
第1～7弾！

「エル・カンターレ 人生の疑問・悩みに答える」シリーズ

幸福の科学の初期の講演会やセミナー、研修会等での質疑応答を書籍化。一人ひとりを救済する人生論や心の教えを、人生問題のテーマ別に取りまとめたＱＡシリーズ。【各1,760円】

---

1 人生をどう生きるか

幸福の科学の初期の講演会やセミナー、研修会等での質疑応答を初書籍化！ 人生の問題集を解決する縦横無尽な「悟りの言葉」が、あなたの運命を変える。

2 幸せな家庭をつくるために

夫婦関係、妊娠・出産、子育て、家族の調和や相続・供養に関するＱＡ集。人生の節目で出会う家族問題解決のための「スピリチュアルな智慧」が満載！

3 病気・健康問題へのヒント

毎日を明るく積極的、建設的に生きるために――。現代医学では分からない「心と体の関係」を解き明かし、病気の霊的原因と対処法を示した質疑応答集。

幸福の科学出版

初期講演集シリーズ

4 人生の再建

苦しみや逆境を乗り越え、幸福な人生を歩むための「心の法則」とは何か――。名講演といわれた「若き日の遺産」が復原された、初期講演集シリーズ第4巻。

5 勝利の宣言

現代の迷妄を打ち破り、永遠の真理をすべての人々へ――。多くの人々を「救世の使命」に目覚めさせ、大伝道への原動力となった、奇跡のシリーズ第５巻。

6 悟りに到る道

全人類救済のために――。「悟りの時代」の到来を告げ、イエス・キリストや仏陀・釈尊を超える「救世の法」が説かれた、初期講演集シリーズ第６巻！

7 許す愛

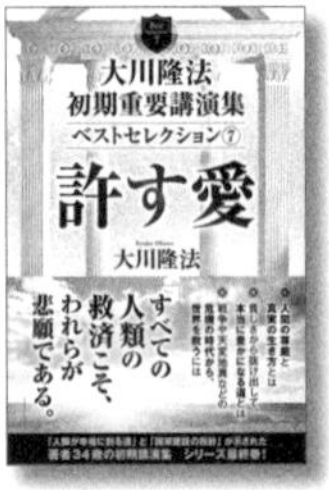

世界が闇に沈まんとするときにこそ、神仏の正しき教えが説かれる―。「人類が幸福に到る道」と「国家建設の指針」が示された、初期講演集シリーズ最終巻！

※表示価格は税込10％です。

大川隆法ベストセラーズ

初期
講演集
シリーズ
第1～7弾!

「大川隆法　初期重要講演集 ベストセレクション」シリーズ

幸福の科学初期の情熱的な講演を取りまとめた初期講演集シリーズ。幸福の科学の目的と使命を世に問い、伝道の情熱や精神を体現した救世の獅子《しし》吼《く》がここに。【各1,980円】

1 幸福の科学とは何か

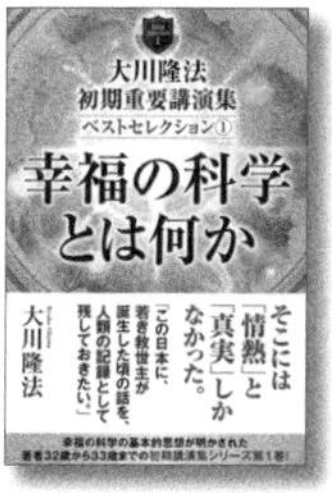

これが若き日のエル・カンターレの獅子吼である――。「人間学」から「宇宙論」まで、幸福の科学の基本的思想が明かされた、初期講演集シリーズ第1巻。

2 人間完成への道

本書は「悟りへの道」の歴史そのものである――。本物の愛、真実の智慧、反省の意味、人生における成功などが分かりやすく説かれた「悟りの入門書」。

3 情熱からの出発

イエスの天上の父が、久遠の仏陀がここにいる――。聖書や仏典を超える言魂が結晶した、後世への最大遺物と言うべき珠玉の講演集。待望のシリーズ第3巻。

大川隆法ベストセラーズ・心の修行の指針

漏尽通力《ろじんつうりき》

現代的霊能力の極致

高度な霊能力の諸相について語った貴重な書を、秘蔵の講義を新規収録した上で新装復刻！ 神秘性と合理性を融合した「人間完成への道」が示される。

1,870円

真説・八正道

自己変革のすすめ

「現代的悟りの方法論」の集大成とも言える原著に、仏教的な要点解説を加筆して新装復刻。混迷の時代において、新しい自分に出会い、未来を拓く一冊。

1,870円

悟りを開く

過去・現在・未来を見通す力

自分自身は何者であり、どこから来て、どこへ往くのか──。霊的世界や魂の真実、悟りへの正しい修行法、霊能力の真相等、その真髄を明快に説き明かす。

1,650円

心眼を開く

心清らかに、真実を見極める

心眼を開けば、世界は違って見える──。個人の心の修行から、政治・経済等の社会制度、「裏側」霊界の諸相まで、物事の真実を見極めるための指針を示す。

1,650円

※表示価格は税込10％です。

大川隆法シリーズ・**最新刊**

小説
内面への道

「竜二は、喫茶店一つにも、人生勉強の場があることを痛感した。」──己を鍛え、青年へと脱皮し、大志に向けて思想を練っていく姿を描いた、シリーズ第４弾。

1,540円

小説
永遠の京都

古都・京都のなかで、竜は静かに淵に潜んでいた。いつか天に昇る日が来ることを心に誓いながら……。『小説　若竹の時代』に続く待望の続編がここに。

1,540円

小説
若竹の時代

心の奥底に大志を秘めて、少年は青年へと脱皮していく──。思春期の経験すべてを鍛錬の糧《かて》へと変えて成長する姿を描いた、『小説　竹の子の時代』に続く第２弾。

1,540円

小説
竹の子の時代

「努力」の言葉を胸に、ただ、天に向かって伸び続けるだけだった──。田舎の平凡な少年が何者かへと成長していく「心の軌跡」を描いた書き下ろし小説。

1,540円

※表示価格は税込10%です。

幸福の科学グループのご案内

宗教、教育、政治、出版などの活動を通じて、地球的ユートピアの実現を目指しています。

幸福の科学

一九八六年に立宗。信仰の対象は、地球系霊団の最高大霊、主エル・カンターレ。世界百六十五カ国以上の国々に信者を持ち、全人類救済という尊い使命のもと、信者は、「愛」と「悟り」と「ユートピア建設」の教えの実践、伝道に励んでいます。

（二〇二二年九月現在）

愛

幸福の科学の「愛」とは、与える愛です。これは、仏教の慈悲《じひ》や布施《ふせ》の精神と同じことです。信者は、仏法真理をお伝えすることを通して、多くの方に幸福な人生を送っていただくための活動に励んでいます。

悟り

「悟り」とは、自らが仏の子であることを知るということです。教学《きょうがく》や精神統一によって心を磨き、智慧《ちえ》を得て悩みを解決すると共に、天使・菩薩《ぼさつ》の境地を目指し、より多くの人を救える力を身につけていきます。

ユートピア建設

私たち人間は、地上に理想世界を建設するという尊い使命を持って生まれてきています。社会の悪を押しとどめ、善を推し進めるために、信者はさまざまな活動に積極的に参加しています。

国内外の世界で貧困や災害、心の病で苦しんでいる人々に対しては、現地メンバーや支援団体と連携して、物心両面にわたり、あらゆる手段で手を差し伸べています。

年間約２万人の自殺者を減らすため、全国各地で街頭キャンペーンを展開しています。

公式サイト **www.withyou-hs.net**

自殺防止相談窓口

受付時間　火～土:10～18時（祝日を含む）

TEL **03-5573-7707** メール **withyou-hs@happy-science.org**

ヘレン・ケラーを理想として活動する、ハンディキャップを持つ方とボランティアの会です。視聴覚障害者、肢体不自由な方々に仏法真理を学んでいただくための、さまざまなサポートをしています。

公式サイト **www.helen-hs.net**

入会のご案内

幸福の科学では、大川隆法総裁が説く仏法真理《ぶっぽうしんり》をもとに、「どうすれば幸福になれるのか、また、他の人を幸福にできるのか」を学び、実践しています。

入会

仏法真理を学んでみたい方へ

大川隆法総裁の教えを信じ、学ぼうとする方なら、どなたでも入会できます。入会された方には、『入会版「正心法語《しょうしんほうご》」』が授与されます。

入会ご希望の方はネットからも入会申し込みができます。

happy-science.jp/joinus

三帰《さんき》誓願《せいがん》

信仰をさらに深めたい方へ

仏弟子としてさらに信仰を深めたい方は、仏《ぶっ》・法《ぽう》・僧《そう》の三宝《さんぼう》への帰依を誓う「三帰誓願式」を受けることができます。三帰誓願者には、『仏説・正心法語』『祈願文《きがんもん》①』『祈願文②』『エル・カンターレへの祈り』が授与されます。

幸福の科学 サービスセンター
TEL 03-5793-1727
受付時間／火～金:10～20時 土・日祝:10～18時（月曜を除く）

幸福の科学 公式サイト
happy-science.jp

幸福実現党

幸福実現党 釈量子サイト
shaku-ryoko.net
Twitter **釈量子@shakuryoko**で検索

内憂外患《ないゆうがいかん》の国難に立ち向かうべく、2009年5月に幸福実現党を立党しました。創立者である大川隆法党総裁の精神的指導のもと、宗教だけでは解決できない問題に取り組み、幸福を具体化するための力になっています。

幸福実現党　党員募集中

あなたも幸福を実現する政治に参画しませんか。

＊申込書は、下記、幸福実現党公式サイトでダウンロードできます。
住所：〒107-0052　東京都港区赤坂2-10-8 6階 幸福実現党本部
TEL **03-6441-0754**　FAX **03-6441-0764**
公式サイト **hr-party.jp**

HS政経塾

大川隆法総裁によって創設された、「未来の日本を背負う、政界・財界で活躍するエリート養成のための社会人教育機関」です。既成の学問を超えた仏法真理を学ぶ「人生の大学院」として、理想国家建設に貢献する人材を輩出するために、2010年に開塾しました。現在、多数の市議会議員が全国各地で活躍しています。

TEL **03-6277-6029**
公式サイト **hs-seikei.happy-science.jp**

出版 メディア 芸能文化　幸福の科学グループ

幸福の科学出版

大川隆法総裁の仏法真理の書を中心に、ビジネス、自己啓発、小説など、さまざまなジャンルの書籍・雑誌を出版しています。他にも、映画事業、文学・学術発展のための振興事業、テレビ・ラジオ番組の提供など、幸福の科学文化を広げる事業を行っています。

アー・ユー・ハッピー？
are-you-happy.com

ザ・リバティ
the-liberty.com

幸福の科学出版
TEL **03-5573-7700**
公式サイト **irhpress.co.jp**

THE FACT
ザ・ファクト
マスコミが報道しない「事実」を世界に伝えるネット・オピニオン番組

ザ・ファクト　検索

NEW STAR PRODUCTION

ニュースター・プロダクション

「新時代の美」を創造する芸能プロダクションです。多くの方々に良き感化を与えられるような魅力あふれるタレントを世に送り出すべく、日々、活動しています。 公式サイト **newstarpro.co.jp**

ARI Production

ARI《アリ》 Production《プロダクション》

タレント一人ひとりの個性や魅力を引き出し、「新時代を創造するエンターテインメント」をコンセプトに、世の中に精神的価値のある作品を提供していく芸能プロダクションです。 公式サイト **aripro.co.jp**